Heinrich Kosnick

Busoni
Gestaltung
durch
Gestalt

1971

BOSSE VERLAG
REGENSBURG

Alle Rechte vorbehalten — Printed in Germany
© Copyright 1970 by Gustav Bosse Verlag Regensburg
ISBN 3-7649-2503-5
Satz und Druck: Fr. Ant. Niedermayr Regensburg

Gewidmet Luise von Walther

Inhalt

Vorwort 7

I. Teil

1. Ferruccio Busonis künstlerisch-pianistisches
   Vermächtnis 13
2. Busoni weltanschaulich porträtiert 23
3. Busoni im Lichte seiner Bewunderer 38
4. Erlebniswissen namhafter Künstler 41

II. Teil

1. Richtlinien zur musischen Erziehung 51
2. Vorbemerkung zur spieltechnischen Einstellung . . 54
3. Das Prinzip der vorliegenden psycho-physiologisch-
   anatomischen Forschung 57
   a. Schulterblattgriff 58
   b. Oberarmhaltung 60
   c. Schulterblattgriff und Oberarmhaltung
      psycho-physiologisch-anatomisch gesehen . . . 63
   d. Gegliederte Unterarmhaltung 67
   e. Hand- und Gegenhandeinstellung 71
   f. Gegliederter Fingergriff 73
4. Der Wesenskern koordinierter Beziehungsverhältnisse 77
5. Finger- und Handeinstellung 83
6. Überschau und Arbeitsrichtung 88
7. Meditation oder stummes Selbstgespräch . . . 93
8. Haltung der Unterextremität 98

9. Zusammenfassendes über den Gesangsapparat . . 101
10. Rotationsgriff zurKetteninnervation 106
11. *Psycho*-physiologisch-anatomische Forschung
    als Disziplin 110
12. Gewordenes und Werden 113
13. Orchester und Dirigent 118
14. Die Grundlage einer Kritik 123
15. Zeitströmung und Entwicklung 134

III. Teil

Überleitung 143
1. Busoni-Wettbewerb 145
2. Einige Kandidaten aus den verschiedenen Jahrgängen 159
3. Zum zwanzigsten Busoni-Wettbewerb 164
4. Nur einiges aus meiner Erinnerung an zwei
   hervorragende Liszt-Schüler 169
5. Nachtrag für den Studierenden 174

IV. Teil

Präambel 183
Psycho-physiologische Anatomie als Grundlage der
weiteren Entwicklung des Menschen 186
Namensregister 213

Vorwort

Ich schicke voraus, daß die gewonnenen Erkenntnisse in Bezug auf eine schöpferische Grundlage des Klavierspiels soweit praktisch vereinfacht und wissenschaftlich untermauert sind, daß sie als Schlußkapitel meiner sich auf mehrere Jahrzehnte erstreckten Forschung Geltung beanspruchen dürfen.
Frau Gerda Busoni schrieb mir kurz vor ihrem Dahinscheiden aus Stockholm: „... Alles, was Sie bisher über Ferruccio veröffentlicht haben, hat mich durch Ihre Auffassung und Verständnis seines Werkes und seiner Person tief erfreut, und ich würde es sehr begrüßen, wenn Sie jetzt einen Artikel über die Art seiner Interpretation schreiben würden..."
Leo Kestenberg, ein Freund und Schüler Busonis, vorzüglicher Lisztinterpret, Pädagoge, der als Ministerialrat am Preussischen Kultusministerium in Berlin die Möglichkeit hatte, Busoni an die Berliner Musikhochschule zu berufen, schrieb mir u. a.: „Ich habe eine unbegrenzte Hochachtung vor Ihren wissenschaftlich so tief und logisch durchdachten körperlich-seelischen und künstlerisch-technischen Prinzipien, die ganz zweifellos eine Revolution in aller Klaviermethodik hervorzurufen bestimmt sind. Ich glaube, daß Busonis phänomenale Klaviertechnik mit Ihrer wissenschaftlichen Theorie vom Klavierspiel in unmittelbarem Zusammenhang steht." (14. Dez. 60).
Kurz vor seinem Tode schrieb mir Kestenberg aus Tel-Aviv: „... Meine freundschaftliche Zuneigung zu Ihnen, zwingt mich zu einer Bitte, die Sie nicht abweisen mögen. Ich will nur betonen, daß die Zeit reif ist, eine *wesentliche* (von Kestenberg unterstrichen) Busoni-Biographie zu verfassen, und ich weiß keinen Geeigneteren und Berufeneren als Sie, der dazu bestimmt ist, dieses Werk in dieser Zeit zu schreiben. Sie sind wie vom Himmel gerufen, diese Aufgabe für die Mit- und Nachwelt in eine unserem Meister würdige, sinnlich-übersinnliche Form zu bringen. Lassen Sie mich dieses Buch von Ihnen noch erleben!"

Eine Biographie über Busoni zu schreiben, halte ich nicht für meine Aufgabe, auch fühle ich mich hierfür nicht geeignet, aber Eines obliegt mir, seine spieltechnische Einstellung klarzustellen. In diesem Zusammenhang erlaube ich mir ein Schreiben des verstorbenen Rektors der Universität in Zürich, Prof. Dr. Walter Gut beizufügen. Gut schrieb mir: „Ich bewundere die Feinheit, mit der Sie die inneren Beziehungen sehen von der musikalischen Konzeption, der technischen Interpretation, wie sie sich auswirkt im anatomisch-physiologischen Apparat unseres Körpers; es ist so eine Gesamtbetrachtung, wie ich sie ähnlich nur in der Psychologie der Romantik finde, etwa bei einem Mann, wie dem Mediziner und Psychologen Carus. Ich habe mit dem Ordinarius für Anatomie der Universität Zürich, Professor Dr. Gian Töndury, Ihre Ausführungen besprochen und meinen Eindruck über Ihre tiefgründigen Ausführungen bestätigen lassen."
Unterdessen ist kürzlich im Atlantis Verlag (Zürich) eine Biographie über Busoni von H. H. Stuckenschmidt erschienen. Es ist m. W. das hervorragendste Buch, das der Musikologe über repräsentative Geister geschrieben hat. Ich bedaure, daß mein Freund Kestenberg, daß Egon Petri es nicht mehr erleben konnten.
Stuckenschmidt schreibt in diesem Werk über mich: „Einer der späten Schüler Busonis Heinrich Kosnick, hat in seinen Schriften über das Klavierspiel des Meisters auf eine Briefstelle hingewiesen, wo Busoni an Gerda 1906 schreibt: ‚Ich spiele fast gar nicht mehr mit den Händen. Dieses Spiel wirkt überall gleich stark, was ich auch vortrage." Kosnick spricht dann von einer „organologisch" schöpferischen Umstellung und präzisiert: „Er zauberte die Bindungen jetzt, indem er den Gegenstand, den Gegendruck der Taste, ja der Tastensohle, organisch vorwegnahm, verlebendigte ... Bei dieser seelisch-körperlichen Einstellung verliefen seine Passagen glissandoartig fundiert, gewissermaßen am Bett des Flusses angesaugt". Der Hinweis ist wichtig, weil er die Untrennbarkeit von seelisch-geistiger und körperlicher Haltung erkennt. Als einer der Anreger des alljährlichen Busoni-Wettbewerbes in Bozen hat Kosnick in seinen kritischen Schilderungen der konkurierenden jungen Pianisten unermüdlich auf diese Zu-

sammenhänge gepocht. Er bestätigt damit, daß ein Phänomen wie das Busonis nur als Einheit zu begreifen ist. Körper, Geist und Seele sind in seiner Kunst integriert".

Ich habe in faßbarer Form die umwälzende klavieristische Einstellung Busonis nicht nur gekennzeichnet, sondern weit darüber hinaus Lehrgang und Aufbau einer universellen technischen Einstellung der Oberextremität auf der Grundlage meiner *psychophysiologisch-anatomischen* Forschung wissenschaftlich erschlossen. Es wird hier je nach Bedürfnis der Weg aufgezeigt, die Virtuosität Allgemeingut werden zu lassen. Man wird sie demnach nicht mehr als maßstäblichen Faktor in eine künstlerische Bewertung einbeziehen, vielmehr wird der Gestalter, dank seiner Gestalt, seine charakterlich-weltanschauliche, seine im wahren Sinne schöpferische Einstellung zum Ausdruck zu bringen und seine Berufung als Persönlichkeit zu dokumentieren haben.

I. Teil

1. Teil

Ferruccio Busonis künstlerisch-pianistisches Vermächtnis

Ich erlebte als Student Busoni zum ersten Mal im Leipziger Gewandhaus. Sein Spiel, die Art seiner organischen Einstellung, sein glissandoartiges Gleiten über den Widerstand des Instrumentes, ein Widerstand, den er organisch vorwegnahm und verlebendigte, überwältigte mich.

Ich erinnere mich lebhaft des Eindruckes, den ein Ausspruch meines damaligen Lehrers, des berühmten Pädagogen Robert Teichmüller, auf mich machte, als er mir sagte: „Bei Busoni ist alles reines Muskelspiel"! Damals konnte ich nicht ahnen, daß ich mich einmal ganz der *psycho*-physiologischen Muskelforschung widmen würde, die es mir in mehr als fünf Jahrzehnten ermöglichte, das Problem der körpertenischen Einstellung zu lösen.

Busonis Heimat väterlicherseits war Italien, die geistige Heimat war ihm Deutschland. Immer kehrte er freudigen Herzens in sein Berliner Heim am Viktoria-Luisenplatz in Berlin-Schöneberg zurück, wo man bis tief in die Nacht hinein die riesigen Scheiben seines Arbeitsraumes erleuchtet sah.

Ferruccio Busoni war ein Außenseiter in der Gesellschaft, ein Außenseiter im Kunstwollen seiner Zeit. Einmal in der Woche versammelten sich im Hause Busonis Persönlichkeiten aus aller Herren Länder. Der Tee wurde von Gerda Busoni, der ganz in den Werken ihres Mannes beheimateten gütigen Frau serviert. Busoni war an solchen jours fixes ziemlich reserviert, traf aber sein Blick einen für ihn interessanten Menschen, so holte er ihn heran und in irgendeiner Ecke des Musiksaales gelangten dann die vielseitigsten Probleme zur Aussprache.

Busoni liebte die Beschaulichkeit, das Sichversenken in das Geheimnis des Lebens. Seine Überzeugung war es, daß der wahre Künstler Zeit und Besinnlichkeit sich gönnen muß, um Großes zu schaffen. Er suchte Vertiefung, Verinnerlichung. Er schreibt: „Es ist nur zu hoffen, daß die Menschen noch rechtzeitig von diesem dummen Hang zu Raschheit, Massenhaftigkeit und Besitz abbiegen, damit noch große Künstler entstehen können". Sein Blick ging in die Zukunft, seine Intuition zog ihn zum Werdenden, noch Ungeborenen hin. Das Wissen um eine Mission, die er zu erfüllen habe, trieb ihn zur Unrast; die Angst, seine Zeit mit unnützen Dingen zu verlieren, bedrückte ihn dauernd; immer dringender fragte er nach dem „Eigentlichen", nach dem Wesentlichen; er fand Trost und Halt am nimmermüden Arbeiten an seinem eigenen Wesen, an seinem Künstlertum. Im stillen Studierzimmer an seinen Kompositionen zu arbeiten, zu denken und zu lesen, war ihm Erfüllung. Busoni besaß eine reiche Bibliothek; seine Sammlung Don Quichott'scher Ausgaben ist bekannt.

Für seine Zeitgenossen war Busoni der überwältigende Klaviermeister; für viele war er der unermüdliche Anreger zu immer höherem Flug im Reich der Kunst. Wo er nur konnte, half er jungen aufstrebenden Talenten; freigiebig und großzügig verschenkte er sein Leben an das Leben. Seine Sehnsucht galt der nur geahnten, von Frühnebeln verdeckten aufgehenden Sonne. Er brauchte das Graue, Verhüllende, die Ferne, um zu vollem Bewußtsein von Klang und Farbe zu kommen. Von den inneren Kämpfen erfährt man nur andeutungsweise. Oft hatte man das Gefühl, er behielte vieles für sich zurück. Es gab eben Dinge, die Busoni mit sich allein auszufechten hatte und mit denen er rang. Er wartete, war mit vielem unzufrieden ... litt. So wanderte er manchmal durch finstere Straßen fremder Städte, wenn Winternebel die Nacht umdüsterte und Klang und Farbe verschluckten. Suchte er hier in das Leid der Menschheit einzudringen? Die Sterne haben ihre Bahnen und die Menschen weichen einander aus. In der kosmischen Stimmung orientiert sich der Geist.

Der Entschluß zum öffentlichen Auftreten kostete Busoni große Überwindung, vor allen Dingen dann, wenn es sich um äußere Vorteile handelte. Er schreibt in einem seiner zahlreichen Briefe an seine Frau: „Sobald es heißt, daß es von praktischem Vorteil ist, es zu tun, von dem Augenblick an beginnt etwas in mir zu bluten, eine Art Lähmung überfällt mich, und nur in Pein und

Anstrengung führe ich das durch, was ich sonst leicht, freudig und auch besser vollenden könnte".

Busonis Haltung beim Spiel war auffallend ruhig; seine Ellbogen verrieten keine „Freiheit", sie schaukelten nicht. Busonis Körperhaltung war aufrecht, sein Blick gradaus in die Ferne gerichtet, distanziert im Selbstbewußtsein ... die Folge hiervon war die geistige Überschau und Aristokratie seines Wesens, ja, wie aus der Ferne her sog er die Konzeption. So trug seine Interpretation einen eigenartigen Legatissimo-Chrakter, ein Strom, der, an den Grund seines Bettes angesaugt, dahingleitet.

Die Wenigen, die Busoni noch erlebt haben, werden vielleicht durch meine Ausführungen eine nachträgliche Bestätigung ihres damaligen Eindruckes erhalten; denn es gibt kein körperliches Gedächtnis, das eindrucksvoller und nachhaltiger bleibt als das des Gehirns. Die wenigen Schüler Busonis haben seine Andersartigkeit der spieltechnischen Einstellung nicht übermittelt. Egon Petri ist ihr durch jahrzehntelange Freundschaft mit Busoni unbewußt näher gekommen, ohne die Einstellung begründen zu können.

Die Firma Welte-Mignon brachte im Jahre 1905 einen Apparat heraus, der das Spiel damaliger ruhmreicher Klaviervirtuosen wiedergab. Dieser Apparat wurde in das Klavier eingebaut, wobei die Tasten, wie von unsichtbaren Fingern gespielt, auf und niedergingen. Nunmehr wurde diese Art der mechanischen Wiedergabe auf Langspielplatten übertragen und damit der breiten Öffentlichkeit zugänglich gemacht. Die Musikschüler, welche diese Platten zu hören bekommen, erhalten keineswegs einen sachgemäßen Eindruck von diesem einzigartigen Virtuosen, durch den die Klaviertechnik auf eine neue Grundlage gestellt wurde, wie seinerzeit durch Beethoven und Franz Liszt.

Die Aufnahmen der Welte-Produktion wurden gemacht, als Busoni 39 Jahre zählte, 1905. Busoni, 1866 geboren, schreibt an seine Frau als 43jähriger (7. März 1909): *„Nur das Clavierspiel geht gut, ich spiele fast gar nicht mehr mit den Händen. Dieses Spiel wirkt überall gleich stark, was ich auch vortrage"*. 1911 gab Busoni seine aufsehenerregenden sechs Lisztabende in Berlin.

Für mich ist diese Feststellung von großem Wert; für die Pädagogik ist sie von wesentlicher Bedeutung. Sie zeigt, daß Busoni erst, nachdem er 43jährig eine *organologisch schöpferische Umstellung* erlebte, zur Vollendung reifte. Die Schlußfolgerung ist also gerechtfertigt, daß seine Gestaltungskraft in einem *empfindungsreichen organischen Wissen* wurzelte, ohne daß Busoni dafür eine sachgemäße Erklärung geben konnte. Ohne diesen einmaligen brieflichen Erkenntnisausspruch wäre eine Lücke offen geblieben, die nur durch Vermutungen hätte überbrückt werden können.

Aller Wahrscheinlichkeit nach hat sich die technische Umstellung, die er dann willensbewußt zu fixieren vermochte, ohne weitere grübelnde Nachforschungen darüber anzustellen, bei ihm mutationsartig eingestellt. Die Voraussetzung zu diesem Sprung war möglicherweise eine Unzufriedenheit, die ihn beschlich, eine Zwiespältigkeit in der Region seelischer Kräfte, die sich körpertechnisch ungünstig ausgewirkt haben mag. Busoni war nicht der Pädagoge, der seine technische Einstellung seinen Schülern weiterzugeben vermochte.

Busoni war ein Wunderkind. Seine Interpretationskunst war zunächst von üblichem Ausmaß; erst nachdem sich sein körpertechnisches Können veränderte, nahm seine Gestaltungskraft so weit einen anderen Charakter an, daß seinerzeit bekannte Berliner Kritiker (A. Weismann, H. Leichtentritt) sich die Frage stellten: „Was ist mit Busoni geschehen? Seine Auffassung ist völlig anders geworden"?

Wie tief die Gestaltung eines Werkes von der Technik abhängt, das kann gerade am Phönomen Busoni am einleuchtendsten aufgezeigt werden. Technik ist keine mechanische Angelegenheit, sie ist schöpferischer Natur. Das Irrationale, das Unkausale, das mit der Autonomie des Willens verbunden ist, bleibt auch im Werk erhalten. Das Zeitgebundene ragt zugleich in eine ewig sich verwandelnde Welt der Erscheinung hinein. In der eigenen Verwandlung und Vervollkommnung wird das im Gestalten begriffene Kunstwerk mitverwandelt. Tiefsinnig schreibt Novalis: „Wir müssen unseren Körper zum allfähigen Organ auszubilden suchen. Modifikation unseres Werkzeugs ist Modifikation der Welt". Hier im Leiblichen, nicht im Denken erlebte Schopenhauer den Weltwillen, hier hatte Nietzsche das „horchende Ohr in den Gliedern".

Seitdem Busoni „fast gar nicht mehr mit den Händen" spielte, eine *psycho*-physiologische Einstellung, die er während der Interpretation wach hielt, zauberte er die Bindungen, indem er, vorweg gesagt, den *Gegen-stand*, den Gegendruck der Taste, ja der Tastensohle *organisch* verlebendigte. Erst mit dieser verfleischlichten Verinnerlichung umweltlicher Kräfte vermochte er seine Persönlichkeit ganz zum Ausdruck zu bringen. *Gestaltung durch Gestalt!*

Auf Grund der anatomisch-psycho-physiologischen Gegebenheiten kann die Beherrschung von Hand und Fingern im Zusammenhang mit der ganzen Oberextremität in zwei Wirkungsbereiche eingeteilt werden: Finger und Hand betätigen sich als druckausübende Organe in Bezug auf den äußeren Widerstand (Instrument), oder der Druck wird durch eine willens- und empfindungsmäßige Einstellung von seiten einer Schulterblatt-Oberarmanteilnahme den Fingern übermittelt. In diesem Fall sind Hand und Finger nur Überträger des Druckes und *zugleich Auffangorgane desselben*. Es handelt sich mit anderen Worten um eine retrovertierte Spieleinstellung.

Jedoch mit allem Nachdruck muß darauf hingewiesen werden, daß die Beherrschung der Finger eine Voraussetzung auch für das retrovertierte Spiel ist, das eine bewußtgewollte Anteilnahme der Muskelkräfte der Finger erfordert. *Die Handfläche hat ihre eigene zu erlebende Empfindungsmechanik, die eine Gegensatzführung von Muskelzugkräften einschließt.*

Druck und Gegendruck bedingen einander. Der drückende Finger erfährt vonseiten des Gegenstandes (Instrument) einen Gegendruck. Eine *Verlebendigung*, Verinnerlichung und Vorwegnahme des umweltlichen Gegendruckes kommt dadurch zustande, daß der Organismus, beziehungsweise der Wille *von sich aus* dem Druck einen Widerstand entgegensetzt. Nehmen wir gleich vorweg, daß die *Selbstsetzung des Widerstandes der Weg zur* menschlichen Vervollkommnung ist. Werden Muskeln willens- und empfindungmäßig untereinander, mittels Selbstsetzung des Widerstandes in gedehnten Zustand gebracht, so hat der Selbstwille sich von der Umweltführung gelöst; mit der Selbstbindung ent-bindet sich der menschliche Geist von der alleinigen Außenbindung, von der alleinigen Umweltführung. Das Leben existentialisiert sich.

Hier liegt das Kernproblem souveräner Gestaltung. Der Kontakt mit dem Außen bleibt im Zusammenhang mit der *Dehnungs*spannung im eigenen *psycho*-physiologischen Bereich. Es bleibt der Gesangsfluß, der *Ausdrucks*strom dynamischer Natur in *unabgerissenem* Kontakt mit dem Instrument. Weder das Pedal noch der Fingersatz sind zum Binden da, hiermit erreicht man nicht ein glissandoartiges Legatissimospiel. *Die Bindung, das Allein*heitliche, die Wahrung des Charakters des Unzerstückelten, wird durch eine gleichbleibende willens- und empfindungsmäßige *organische Einstellung* erreicht; es ist das organische Pedal. Die Allverbundenheit, die Kontinuität, welche Leibniz gefühlsdenkend schöpfungsmäßig erlebt, ist die Magie des überzeugenden Künstlers, des Alleinheitsmenschen, des Menschheitsmenschen.

Der Komponist erlebt in sich sinnlich-sinnenhaft das ewige Werden und Fließen der Erscheinungen in Ton, Bewegung und Zeitabläufen, er erlebt den überdimensional erfaßten dimensionalen Raum, die phänomenologische Vertiefung des Seins. Mit der Selbstsetzung des Widerstandes hört das Geklimper, das Hineindreschen, die abgehackte und abgerissene Interpretation auf. Die körpertechnische Einstellung, die Kontinuität der seelisch-körperlichen Einstellung ist deshalb Voraussetzung, um den Werken nachschaffend sinnenhaft Rechnung zu tragen, wie es bei Busoni der Fall war.

Da alle Seinsebenen, die kosmisch-physikalische, die physiologische, die psychische und die religiös-geistige miteinander kommunizieren, ist der All-einheitstragende menschliche Geist berufen, die verschiedenen Ebenen willens- und empfindungsmäßig zu verinnerlichen, sie mit der Substanz des Bewußtseins zu um-

und mit den Händen zu be-greifen und zwar in Bezug auf die Gegebenheit der menschlichen Entwicklung. Hand und Geist. Von dieser Perspektive aus wären wir berechtigt, von der musischen Erziehung des Menschen zu sprechen. Es handelt sich um ein seelisch-körperlich erotisches Verhältnis zum sinnenhaft zu erfassenden Sein „an sich". Liebe und Gestaltung sind beim schöpferischen Menschen nicht zu trennen. Es ist der Demiurg, der durch die Persönlichkeit sein Handwerk zur Weiterentwicklung des Da-seins versichtbart. „Musik ist aber ein Teil des schwingenden Weltalls" schreibt Busoni. Die Schöpfung, ein göttlich phantheistisches Gewebe, in das man sich wohl mit klopfendem Herzen, nicht aber mit klopfenden Fingern einhüllen kann.

Wir werden von jungen Künstlern nicht verlangen, daß sie Busoni nachmachen sollen, was an sich ein Unding und zugleich Unsinn wäre, sondern wir werden auf die *technische, organologische* Einstellung Wert zu legen haben, die es Busoni *ermöglichte,* den Kompositionen grundlegend Rechnung zu tragen, ohne persönliche Intentionen in den Hintergrund zu stellen. Dem jeweiligen Künstler steht es offen, im Zusammenhang mit dem zu gestaltenden Werk sein Bewußtseins- und Willenskönnen zum Ausdruck zu bringen, die mit der Zeitströmung geheime Beziehungen unterhalten. Der Wille im Empfindungserlebnis mit dem gegliederten Körper gibt der Tongestaltung des Künstlers dynamischen Charakter im *Druck des Aus-druckes.*

Entwicklungsgeschichtlich wurde sukzessive die Gesamtanteilnahme des gegliederten Muskel-Bewegungsapparates in die Interpretation einbezogen und damit auf das engste verbunden gestaltete sich auch die Kompositionsweise. Als Domenico Scarlatti seine „Essercizi" schrieb, hat man noch nicht den Druck auf das Instrument von der Region des Oberarmes, geschweige denn von der Schultergürtelregion her bezogen. Die Durchbildung galt den vier dreigliedrigen Fingern. Der Daumen (Gegenhand) mit seinem beweglichen Mittelhandknochen wurde erst bei J. S. Bach in den Spielapparat einbezogen.

Der völlige Bruch in spieltechnischer Hinsicht setzt bei Beethoven mit dem Hammerklavier ein. Beethoven wurde seinerzeit vor allen Dingen als Virtuose gefeiert. Ein Klavierwerk dieses Titanen, die Steigerung seines dynamisch geladenen Ausdruckswillens, seine wogenden Passagen in den Ausdrucksbegleitungen, die Wucht seines im Zwiespalt aufgerissenen Wollens ist nicht mit einer alleinigen Fingerdrucktechnik zu bewältigen; sein ganzer Klaviersatz setzt die Einbeziehung des Armes voraus; hier wird die spieltechnische Einstellung bereits zum Rumpf hin rückbezogen, eine Zwischenstellung von extro- und retrovertiertem Spiel, wenn auch noch nicht in dem Maße, wie es jetzt bei Liszt, Chopin und Schumann der Fall ist. „Beethoven, der unbestreitbar den größten Fortschritt im Klavier vollführte" schreibt Busoni.

Der romantisch dynamischen Einstellung, den seelischen Ausbrüchen eines Schumann, eines Chopin, dem naturelementaren Wirbelsturm eines Liszt kann man ohne druckausübende Anteilnahme von Schulter und Arm nicht beikommen. Auf den „Dreh" (Längsachse) kommt es überhaupt an, nicht nur beim Wirbelsturm, sondern in allen Äußerungen polaren Lebens bis zur Geburt des ausgereiften Fötus.

Sich um die eigene Achse drehen, hat tiefere Bedeutung auch für Busonis vielfältig veranlagte Persönlichkeit. Dieser Mensch rang, wie jeder Große um die Loslösung vom nur Traditionellen, um in einer durch sich selbst verlebendigten Umwelt den selbstbewußten Ausdruck der Schöpfung zu finden. *Mit der Empfindung der Seinsstütze in sich selbst vermag man das zu modellierende Material in organischer Form in sich vorzufinden.* Und so war Ferruccio Busoni auch Bildhauer einer Gestaltung von unvergeßlicher Art.

Ich bin mit meinem verstorbenen Freunde, dem genialen Musiker und Dirigenten Hermann Scherchen auch überzeugt, daß die Avantgardisten in der neuen Musik wohl einen Umbruch in der Geschichte musikalischen Schaffens zum Ausdruck bringen, nicht jedoch einverstanden bin ich, daß nunmehr die große Vergangenheit musikalisch schöpferischen Schaffens durch Perfektion und durch Apparatur erhalten und gerettet werden soll. Wenn wir auch im Zeitalter der Maschine leben, so wollen wir nicht in den Fehler verfallen, eine Entwicklungsmöglichkeit des Menschen

„an sich" hintan zu stellen, oder sie abzuleugnen. Gerade Busoni, der Überwölber romanischen und germanischen Blutes, gibt mit seiner körpertechnischen Umstellung den Beweis, welche schöpferischen Beziehungen zwischen der Innenwelt und dem Kunstwerk *als Umwelt* obwalten. Auch die eigene Innenwelt ist für den gestaltenden Geist eine Umwelt und öffnet das Gehörsohr und Gleichgewichtsohr, die miteinander kommunizieren, zu neuartigen Strukturbeziehungen.

Treffend schreibt Busoni: „Auch der Vortrag eines Werkes ist eine Transkription, auch dieser kann — er mag noch so frei sich geben — niemals das Original aus der Welt schaffen. Jede Notation ist schon Transkription eines abstrakten Einfalls. Mit dem Augenblick, da die Feder sich seiner bemächtigt, verliert der Gedanke seine Originalgestalt."

Hier wäre ein Ansatzpunkt, die große musikalische *Vergangenheit-Umwelt* auf einer anderen Gestaltungs- und Erlebnisebene zurückzuerobern, nicht nur durch eine exakte und perfekte Starinterpretation, die noch apparativ gesteigert wird, sondern durch ein empfindungs und gefühlsmäßiges Sichversenken in den eigenen Muskel-Bewegungsapparat; *hier ist die Apparatur geistwillentlich durchseelt!*

Man stelle sich vor, daß wir die Taktstriche eines musikalischen Werkes weglassen, — Rezitative bei Bach, Beethoven, Liszt ..., daß das agogisch rhythmisch Gegliederte, Takt, Metrik und Rhythmus technisch architektonisch abgegrenzt wird, daß die Vibration einzelner Töne, wie es Liszt fordert, unsichtbar in sich ausgelebt wird ..., daß die Tempi, Steigerungen, Intensität der Töne wechselfarbig ausgespielt werden, welch unübersehbare Wirkungen werden dem Ohr übermittelt, dem das Kunstwerk als Umwelt für eine Persönlichkeits-Auseinandersetzung anhand gegeben wird, wo der gestaltende Geist im Zusammenspiel mit der Sphärenharmonie eine Vergangenheit auf eine neue mit Mehrbewußtsein erfüllte Lebensebene erhebt; Umwelt und Innenwelt willens-empfindungsmäßig körperlich vergeistigt, verlebendigt.

Der Heraklit'sche Satz, daß alles fließt und dagegen die Eleatische Lebenseinstellung, daß das Sein in Ruhe verharrt, die kosmischmetaphysische Bezogenheit, daß die Bewegung gehemmt wird, daß dieser Hemmung Rechnung zu tragen ist, womit eine *Gegensatzführung* der Kräfte angefordert wird, bis zur *Selbstsetzung des Widerstandes*, all das deutet darauf hin, daß wir mit unserem Organismus *fleischlich auferstehend* tranzendieren. Ein Kunstwerk, das eine Auseinandersetzung der Innenwelt mit der Schöpfung als Umwelt einschließt, erfährt eine weitere Verinnerlichung durch die Gestaltungskräfte der Gestalt: Gestaltung durch Gestalt!

Busoni weltanschaulich porträtiert

Die Charaktersubstanz Busonis ist zwiespältig. Busoni schreibt: „Die Mutter mit Namen Anna Weiß stammte väterlicherseits von Deutschen, mütterlicherseits jedoch von Italienern ab. Mein Vater ist ganz reiner italienischer Abstammung; die Wurzeln seines Stammbaumes sollen jedoch in Corsica liegen" („Autobiographische Fragmente.")
So sind in Busonis Erbmasse südliche und nördliche Mentalitäten eingebettet, die untereinander in Beziehung stehen. Stefan Zweig berichtet über Busoni in seinem Buch: „Die Welt von Gestern. Erinnerungen" (1962): „Wohin gehöre ich" fragte er mich einmal, „Wenn ich nachts träume und aufwache, weiß ich, daß ich im Traum italienisch gesprochen. Und wenn ich dann schreibe, denke ich in deutschen Worten."
Nebenbei bemerkt, eine Achse Deutschland und Italien, eine Rotitionsachse zweier Völkerglieder, die in ihrer Gemeinschaftwirkung einer höheren Ausdrucksform des Lebens zustreben. Siehe den Einfluß der Normannen in Sizilien, siehe die Kulturerleuchtungen eines Friedrich des Zweiten, das „Römische Reich deutscher Nation", siehe die vielen Stammbäume repräsentativer Geister, deren Wurzeln nach zwei Richtungen divergieren ... und noch viel mehr. Siehe hierzu die religiösen Beeinflussungen des Orient auf den Okzident und die gewaltige Rolle, welche arabische Völker im Werden des Abendlandes spielten.
Zwiespälte schließen die latente Aufgabe ein, sich aus dem alt Hergebrachten zu lösen, Form und Inhalt auf eine mehr bewußtere Ebene zu erheben; Zwiespälte, die aus der Verschiedenheit der Mentalität sich ergeben. Ein charakterlicher Zwiespalt, eine Gegensatzführung von Willenskräften, schließt Bezogenheit auf das in sich ruhenwollende *Eigensein*, ein Sehnen zur Ferne, verbunden mit dem Willen, Getrenntes zusammen zu halten ein, ein Kräftesystem, welches das subjektive Dasein zur Neugestaltung

auf eine bewußtere Seinsebene hindrängt. „Aus dem waltenden Zwiespalt zwischen Sehnsucht und Entsagung..." (Busoni) fand er im alten Puppenspiel den Ausgangspunkt seines Operntextes zu Faust. Busonis Sehnsucht zur *Bindung*, zur Zusammenfassung einander Gegenübertretendem äußert sich in zwei Richtungen, kompositorisch in seiner kontrapunktistischen Begabung und in klavieristischer Hinsicht in seiner körpertechnischen Umstellung, die er, wie bereits ausgeführt, mit 43 Jahren erlebt hat. So schreibt er selbst: „Seit früher Kindheit habe ich Bach gespielt und Kontrapunkt geübt. Damals war es mir zu einer Manie geworden, und tatsächlich kommt in jedem meiner Jugendwerke mindestens ein „Fugato" vor. Die ununterbrochene, versteckte Arbeit der Natur hatte vieles in mir unbewußt gewirkt und ich wurde unvermuteter Errungenschaften gewahr, die innerlich gereift waren. Von diesen eine der wertvollsten war die durch *rücksichtslose Polyphonie sich neu gestaltende Harmonik*."

Als Virtuose hatte Busoni das Bedürfnis, eine Kontinuitätsbindung mittels des Pedals zu erreichen. Busoni führt aus: „Und das Klavier besitzt etwas, das ihm ganz allein eigen ist, ein unnachahmliches Mittel, eine Photographie des Himmels, ein Strahl des Mondlichtes: das Pedal. Beethoven, der unbestreitbar den größten Fortschritt im Klavier vollführte, ahnte die Natur des Pedals und ihm verdanken wir die ersten Feinheiten" (Anmerkung zu Galstons „Studienbuch", 1910). An dieser Stelle wäre *die* Anschauung zurückzuweisen, daß Busonis *besondere* Art das Klavier zu handhaben in einer spezifischen Beherrschung des Pedals bestanden hätte, eine durchaus unsachliche, oberflächliche Behauptung. Die obige Ausführung über das Pedal wurde im Jahr 1910 verfaßt, also zu einer Zeit, in der Busoni auf der *organologischen* Grundlage das Erlebnis hatte „fast ohne Hände zu spielen". Erst mit *diesem* Erlebnis erreichte er das Wunder seines mit dem Widerstand (Gegen-stand) der Tastensohle verbundenes, modellierendes Spiel. Wenn er aber trotzdem das Pedal als „Mondlicht" bezeichnete, so nicht, um damit die ersehnte *Bindung* zu erreichen, sondern seine *organische* Bindung gewissermaßen *noch* überscheinen zu lassen.

Aber bereits früher, *vor* seinem seelisch-organischen Erlebnis, kommt in seinen Anmerkungen über Thalbergs Spieltechnik sein Bedürfnis, Arpeggien zusammenzufassen, folgendermaßen zum Ausdruck; Busoni zitiert hier wortgetreu aus dem Werk von Thalberg „L'Art du chant appliqué": „Die Hand soll die Lage der Töne im voraus fühlen, ja der volle Akkord in den Fingern bereit liegen, als wenn sämtliche Stimmen zugleich anzuschlagen wären. Es erscheint ratsam, die Figur vorerst in geschlossenen Akkorden zu üben."

Voraussetzung um eine Persönlichkeit zu erleben, ist die Zwiespältigkeit „an sich", die der Schöpfung zugrunde liegt, hintergründig auch in Bezug auf die Zeitströmungen, welche sich dauernd wandeln, zu apperzipieren. Was sich im Geheimen hintergründig abspielt, findet seine vermenschlichte Entsprechung in der Auseinandersetzung zwischen der jeweiligen Innenwelt und der jeweiligen mitmenschlichen Umwelt. Busoni, der als Interpret gefeiert wurde, hatte mit seinen Zeitgenossen als Komponist Kämpfe auszufechten. Busonis Distanziertheit war allem Berauschenden, Ohrgefälligen, auch aufschreiend seelisch Gequälten gegenüber abhold. Hier war er dem Geiste Nietzsche verwandt, nicht nur seinem Formgefühl gemäß, auch sein Aussöhnungswille war „jenseits von Gut und Böse" gerichtet. Busoni schreibt: „Es gibt aber eine Kunst, die „jenseits von Gut und Böse" steht, und die zu jeder Zeit eine große Kunst bleibt, vor der auch jene Kritiker fortschrittlichster Haltung instinktiv sich beugen; wie vor einem Bach, einem Beethoven, und nolens volens einem Wagner."

Philipp Jarnach schreibt treffend über Busoni: „— eine so universell gerichtete und zugleich so strenge Kunst ist nicht gegenwartsgebunden. Sie war keiner Schule verpflichtet und wird ebensowenig Schule machen, als von irgendeiner Schule abgesetzt werden. Ich glaube, sie hat in einigen ihrer Äußerungen den zeitlosen Ausdruck erreicht, der nicht mehr altert." (Aus einer Rede anläßlich der Busoni-Feier in Köln, am 5. Nov. 1931).

Busoni schreibt u. a. in einem offenen Brief an Hans Pfitzner: „Ich verspreche mir vom „Zauberkinde" Musik noch das Ungeahnte, nach dem meine Sehnsucht geht: das Allmenschliche und

das Übermenschliche. Es ist die Sehnsucht, die als erste Triebfeder der Verwirklichung wirkt." (Zürich, Juni 1917).
Immer wieder bringt Busoni in Briefen an seine Frau sein Wollen zum Ausdruck, so: „Ich möchte noch gern einen Zipfel der neuen Tonkunst erwischen und womöglich selbst einen Saum daran nähen." (8. 11. 08).
In Busonis Charakterstruktur stehen sich, wie bereits gesagt, romanische und germanische Kulturstrebungen gegenüber, die er zu überwölben suchte; seine Persönlichkeitssendung. In seinem Zwiespalt keimt der Wille, sich auf eine andere Ebene zu heben, der Wille zur Aussöhnung. Sein „Faust" wird nicht erlöst. Während sein Faust einsam stirbt, schreitet ein Jüngling nackt über die Bühne, ein höchst symbolischer Vorgang, der von Busoni im Entwurf vorgesehen war und leider gestrichen wurde. Das Werdende, das fort und fort sich zu vervollkommnen hat; zeitlos sinnvoll.
In seinem Faust stellt Busoni den katholischen und protestantischen Studentenchor gegenüber: *Gegensatzführung* auch der religiösen Kräfte. Eine Mitte, die sich zwischen dem Zweigeschlechterwesen in das Selbstbewußtsein zu setzen hätte, wäre die androgyne Gestalt des Menschheitsgeschlechtes. Das Verhältnis Fausts mit der Herzogin von Parma hatte ein totes Kind zu Folge, das Mephisto Faust überbringt, von Faust noch nicht begriffen.
Die Konzeption seines Faustes fand in Berlin statt. Er schreibt: „Aus dem waltenden Zwiespalt zwischen Sehnsucht und Entsagung befreite mich die inzwischen erfolgte Bekanntschaft mit dem alten Puppenspiel. Wie in einem Fieber, in sechs Tagen, schrieb ich den ersten Entwurf des „Doktor Faust" nieder, zwischen dem Ausbruch des Krieges und den Vorbereitungen zu einer Ozeanfahrt gegen Ende 1914".
Busoni mußte beim Ausbruch des ersten Weltkrieges Berlin verlassen, was ihn als Vermittler beider Völkersubstanzen tief bedrückte. In Zürich sah man ihn an einem Brunnen stehen, den er wie verloren unentwegt betrachtete. Stefan Zweig schreibt in seinen Erinnerungen: „Einmal traf ich ihn (Busoni) spät nachts in der Halle des Bahnhofsrestaurants, er hatte allein zwei Flaschen

Wein getrunken. Als ich vorbeiging, rief er mich an „Betäuben!" sagte er, auf die Flaschen deutend. „Nicht trinken! Aber manchmal muß man sich betäuben, sonst erträgt man es nicht. Die Musik kann es nicht immer, und die Arbeit kommt nur in guten Stunden zu Gast."
Und nun eine äußerst *wesentliche* Erkenntnis, die Busoni in seinem Faust zum Ausdruck bringt. Er schreibt: „Es hat mich von jeher (zuerst allerdings, ohne daß ich mir über den Eindruck Rechenschaft zu geben wußte) unbefriedigt gelassen, daß der Spielraum eines Schaustückes mit der quergezogenen abschließenden Linie des gemalten Prospektes aufhört und so dem Zuschauer abgeschnitten wird. Diesem bleibt von dem Kreise, innerhalb dessen sich die Handlung abrollt, die eine Hälfte auf immer verborgen (wie es mit dem Mond im Verhältnis zur Erde geschieht). Es schwebt mir vor, daß gerade die Musik dazu berufen sei, diese Peripherie vollständig zu umgürten, und ich habe in dieser Partitur den ersten (nicht völlig durchgeführten) Versuch unternommen, einen Klanghorizont, eine akustische Perspektive zu schaffen, indem ich häufig Gesungenes und Gespieltes „hinter der Bühne" (vom Verfasser unterstrichen) ertönen lasse, wodurch das Ungeschaute durch das Gehörte enthüllt werden soll." Über die Partitur des „Doctor Faust.")
Hinter der Bühne, hinter der Grenze der Umwelt, hinter dem Gegen-stand, wickelt sich die unversichtbare Handlung weiter ab. Mit dieser geist-seelischen Einstellung gelangen wir zur körperlichen Einstellung Busonis. Es handelt sich bei jeglicher Umweltbeziehung um einen Gegen-stand, Widerstand, der in der Innenwelt des Geistes, des Charakters und des Organismus durch einen selbstgesetzten Widerstand, also durch eine *Gegensatzführung* von Kräften willens- und empfindungsmäßig vorwegzunehmen, zu *verlebendigen*, zu verinnerlichen ist, um am äußeren Gegen-stand sich gestaltend aufzurichten. Eine Umweltführung wird in einer schöpferischen Sinnführung in der eigenen Innenwelt selbstbewußt tatkräftig psycho-organisch umgewertet. Druck und Gegendruck werden durch Zug und Gegenzug der in Frage kommenden Glieder untereinander verlebendigt; das Physikali-

sche wird psycho-physiologisch (organologisch) verinnerlicht und wir sind befugt, eine Ebene auf die höhere andere zu heben bis auf den geistigen Gefühls-Erlebnisboden im Übersinnlichen.

Es ist der Wille zur Bindung, zur Selbstbindung, um sich geistschöpferisch zu ent-binden. Wieso hat man im allgemeinen Angst vor einem Widerstand? Trägt nicht das Wasser den Fisch, die Luft den Vogel, der Äther das Licht? Mit der *Selbstsetzung des Widerstandes* stimmt sich der Mensch für die Harmonie des Alls. Eine solche seelisch-körperliche Einstellung, die nach einer magischen Verschmelzung von Außen und Innen dem geistigen Bedürfniswillen die Möglichkeit gibt, einem Kunstwerk gestaltend gerecht zu werden, hat Busoni, wie ausgeführt, erst mit 43 Jahren als Pianist erreicht. Ich kann nicht umhin, jenen Brief an seine Frau Gerda am 7. März 1909 (Bologna) nochmals zu zitieren: „Nur das Klavierspiel geht gut, ich spiele fast gar nicht mehr mit den Händen. *Dieses Spiel wirkt überall gleich stark, was ich auch vortrage.*"

Der *organische* Erlebnissatz „fast gar nicht mehr mit den Händen" schließt, wie ich das psycho-physiologisch-anatomisch wissenschaftlich aufzeigen werde, einen unmittelbaren Kontakt des *Gesamtkörpers* mit dem Gegenstand (Instrument), mit der Umwelt ein. Auch das zu gestaltende Kunstwerk ist eine Umwelt, die von der *Gestalt* des Menschen, vom gegliederten Muskel-Bewegungsapparat seelisch-organisch willens- und empfindungsmäßig miterlebt wird. Das Kunstwerk tritt in Beziehung zur Innenwelt, welche als Schöpfung im Kleinen nunmehr empfindungsbewußt die Allheit zum Ausdruck bringt; *empfundene Mechanik*, welche mit der Allheit gefühlsmäßig in Zusammenhang steht, *So wird die gesamte Musikliteratur erst mit dem Erleben der eigenen Innenwelt sich umgewertet offenbaren können.* Wie treffend fragmentiert Novalis: „Durch Modifikation meines Körpers modifiziere ich mir meine Welt. „Sollte die Musikentwicklung am Ende sein, oder steht uns bevor, die gesamte Musikliteratur von einer anderen Warte aus aufzuschließen?

Hinsichtlich der Interpretationskunst schreibt Busoni charakteristisch: „Der Vortragende hat die Starrheit der Zeichen wieder aufzulösen und in Bewegung zu bringen, Die Gesetzgeber aber verlangen, daß der Vortragende die Starrheit der Zeichen wiedergebe, und erachten die Wiedergabe für um so vollkommener, je mehr sie sich an die Zeichen hält. Was der Tonsetzer notgedrungen von seiner Inspiration durch die Zeichen einbüßt, das soll der Vortragende durch seine eigene wiederherstellen. Jeder Tag beginnt anders als der vorige und doch immer mit einer Morgenröte. Große Künstler spielen ihre eigenen Werke immer wieder verschieden, gestalten sie im Augenblicke um, beschleunigen und halten zurück — wie sie es nicht in Zeichen umsetzen konnten — und immer nach den gegebenen Verhältnissen jener ewigen Harmonie. Was unserer heutigen Tonkunst ihrem Urwesen am nächsten rückt, sind die Pause und die Fermate. Große Vortragskünstler, Improvisatoren, wissen auch dieses Ausdruckswerkzeug im höheren und ausgiebigeren Maße zu verwerten" („Entwurf einer neuen Ästhetik der Tonkunst.")

Nach dem Dahinscheiden Busonis hegte Frau Gerda Busoni den Wunsch, die zahlreichen Briefe ihres Mannes der Öffentlichkeit zu übergeben und bat mich, ihr bei der Durchsicht für die Auswahl derselben behilflich zu sein. Da kam mir der Brief den ich oben zitierte in die Hände, worüber ich mich sichtlich freute. „Besagt Ihnen diese Stelle denn soviel?" — „Hier haben wir einen Schlüssel zu Busonis Meisterschaft; ohne diesen Brief hätten wir keine dokumentarische Bestätigung seiner klaviertechnischen Einstellung und wir müßten diese erst rekonstruieren. Insofern ist Busoni Bahnbrecher in der Kunst des Klavierspiels, wie es seinerzeit Beethoven und Liszt waren." So wurde dieser Brief der Herausgabe beigefügt.

Leider hat Busoni, soweit ich es übersehen kann, sich nicht weiter darüber geäußert. Ich habe ihn über seine technische Einstellung nicht ausgefragt, meine Jugend verbot es mir, danach zu fragen. Ich erinnere mich lebhaft einer stummen Begegnung an einem regenschweren Spätherbstabend, Nebel und Nässe, als ich Busoni in einer wenig mit Laternen bestückten Gasse in Berlin, eingehüllt im Mantel der Zeit, sein verborgenes Denken mit einem weichen Schlapphut überdeckt, im Vorübergehen erspähte. Ich stand auf der anderen Seite und hielt mich zurück, ihm sinnend nachschauend; damals noch keineswegs ahnend, daß ich einmal seinem phänomenalen Können bis auf den Grund gehen werde, daß mich Probleme auf dem Gebiet des Muskel-Bewegungsapparates mehr denn fünf Jahrzehnte gefangen halten würden und mich oft in hellste Verzweiflung brachten, bis mählich die psycho-physiologisch-anatomischen Gegebenheiten sich unausweichend ergaben, um sie dann wissenschaftlich zu untermauern. Es war wohl der Eindruck des Spiels Busonis, ein Schleppe tragendes, glissandoartiges Gleispiel, das mich verfolgte, vielleicht auch aus einer wesensverwandten Hinneigung zu *dieser* technischen Einstellung; denn schon in frühester Jugend war ich anders eingestellt als es allgemein üblich war.

Das körperliche Gedächtnis (Mneme nach Richard Semon), die leiblichen Engramme sind von plastischer Empfindung; dieser Boden speichert Sinnes- und Vorstellungseindrücke und ist Hüter von Erlebnisempfängnissen. Wenn ich an geniale Gestalter zurückdenke, so ist mir, als hätte ich sie erst gestern gehört; die Nachhaltigkeit ist unauslöschbar und übermittelt der Forschung bestimmte Richtlinien.

Zwischen Innenwelt und Umwelt mittet geheimnisvoll eine Zielsubstanz, in welcher auf der geist-psychischen Ebene das Sein unvergewaltigt, erlöst, sich seiner Verwirklichung hinzugeben vermag, sich des Lebenssinnes voll bewußt werdend. Alles ist Leben und im translogisch erfaßbaren Sein ist es die ewige Liebesführung, die sich im Selbsterlebnis als Allwesenheitssubstanz im Ichsein-Selbstbewußtsein erotisiert, das heißt, fleischlich in der *Über-Zeugung* aufersteht. Der Titan Prometheus, der sich selbst bindet, sich selbst den Widerstand setzt und dadurch seine Ent-bindung und Entfesselung vom Schicksalhaften vollzieht; Busoni in seiner distanzierten aristokratischen Wesensstruktur.

„... fast gar nicht mehr mit den Händen" ... was bedeutet diese, ich möchte sagen, erschütternde Empfindungserkenntnis? Erhält die Hand, ein himmlisch tastendes Empfangsorgan, ein Grenzorgan zwischen Innen und Außen eine andere Mission? Die Drehachse der Hand ist vom Organismus an die schräge Diagonalachse der Speiche gebunden, einem Drehknochen, der mit der Elle gelenkig verbunden ist. Ohne Hände spielen ... lag einer solchen Sehnsucht, lag dem hintergründigen Sein ein Aussagebedürfnis zugrunde, suchte es eine andere Drehachse, um dem Sinnausdruck des Lebens näher zu kommen? Ist eine solche Achse zu kennzeichnen, zu versichtbaren?: Die Elle verfügt *nicht* über eine Drehachse, das Ellenbogengelenk, ein Scharniergelenk, läßt *keine* Drehrichtung zu. Ich nehme bereits an dieser Stelle, ohne noch näher darauf einzugehen, folgendes vorweg: *das Hintergründige wird spontan offenbar, wenn Elle, Oberarm und Schulterblatt in einer gemeinsamen Längsachse (Drehachse) in Bezug auf die Einwärtsdrehrichtung erlebt erschlossen werden.* In diesem Fall spielt die Diagonalachse der Speiche nicht mehr ihre dominierende Rolle für die Hand. Bei einer festgestellten Speiche durch eine Gegensatzführung von Muskelzugkräften, die sich kompensieren, wird nunmehr die Hand von der Elle erfaßt, sie erhält eine andere Empfindungskomponente. *Die Ganzheitlichkeit der menschlichen Gestalt* erblüht mit der Sehnsucht sich zum Ausdruck zu bringen. Und war es nicht sinngemäß: „*Dieses Spiel wirkt überall gleich stark, was ich auch vortrage.*" Die kopernikanische Umwertung Busonis!

Die Eigenrotation, der Wille zur Selbsterhaltung, sie ist ausnahmslos allem Sein *ewig* zu eigen; Selbsterhaltung, bis zum persönlichen Unsterblichkeitsbedürfnis. Die Drehstrebung um die eigene Achse ist dem Atom, dem Tornado, sie ist bei der Geburt dem menschlichen Fötus zu eigen; sie ist ursprungslos ewig!, ewige Eigenschaft der transzendenten Substanz des „Bewußtsein-überhaupt". Auch die Ausdrucksfähigkeit sich musikalisch auszuwirken, ihre Grenze, die Unendlichkeit. Das letzte Unzerlegbare ist das ewige Werden.

Eine Frage drängt sich mir auf: behielt Busoni das technisch Angedeutete als Geheimnis für sich? Eine große Anzahl von Briefen, die er seinem Meisterschüler Egon Petri geschrieben hat, sind noch unveröffentlicht und wir wissen nicht, ob darin Anmerkungen über die klavieristische Einstellung enthalten sind. Soviel aber weiß ich, daß Petri selbst sich für technische Probleme interes-

sierte und die Absicht hatte, sich mit mir darüber auszusprechen. Der erste Weltkrieg kam dazwischen. Petri, der nach Amerika ging, hatte man in Europa so gut wie vergessen. 1958 kam er aus Amerika zurück, zog es aber vor, sehr bald wieder dorthin zurückzukehren. Kurz vor seiner Rückreise schrieb er mir u. a.: „Besten Dank für den Artikel, der mir große Freude gemacht hat. Leider haben sich die Hoffnungen, die ich auf Basel gesetzt hatte, nicht erfüllt. Deshalb fahre ich am 16. Januar wieder zurück nach San Francisco. Nun kommt wieder ein neues Kapitel, hoffentlich ein erfreulicheres. Auf alle Fälle werde ich wieder mit meiner Tochter zusammensein, die nach dem Tode meiner lieben Frau im Januar 1957 mein einziger Trost ist." (Basel, 13. Jan. 58).
Oder war die körpertechnische Einstellung für Busoni kein Geheimnis? Denn mit der Ein- und Wachhaltung einer bestimmten Körpereinstellung ergab sich für ihn eine völlig veränderte Spielweise, die selbstverständlich war. Es lag kein Grund vor, darüber weitere Grübeleien anzustellen und die Gliederhaltung psychophysiologisch-anatomisch begründen zu wollen. Es hätte ihm auch die Sachkenntnis dafür gefehlt, und weshalb sie erwerben, wo ihm als einmaliges Wunderkind eine bis zu einem gewissen Grade hemmungslose Geläufigkeit angeboren war. Mir gegenüber erwähnte er den von ihm sehr geschätzten Leopold Godowsky, der eine ganz eigene druckausübende technische Meisterschaft hatte. Busoni konzertierte im allgemeinen ungern, seine schöpferische Sehnsucht galt dem Schaffen. So schreibt er an seine Frau: „Im ganzen aber fühle ich, daß Konzertreisen unwürdig ist, und nur zu neuen und endlosen Mißverständnissen führt." (1908).
Busoni als großzügigem, uneigennützigem Menschen läge es fern, ein Geheimnis dieser Art zurückzuhalten, wenn er damit hätte hilfreich sein können. Er wird meines Erachtens die erworbene Körpereinstellung „Ich spiele fast gar nicht mehr mit den Händen" *sprunghaft* erlebt haben; sie wird sich, trotz aller Überraschung so selbstverständlich abgewickelt haben, daß er gar nicht auf den Gedanken kam, damit eine technische Schlüsselstellung innezuhalten. Aber dennoch!: *durch diese körperliche Umstellung*

wurde es ihm erst möglich, seinem Gestaltungswillen ganz Rechnung tragen zu können. Nach dieser Umstellung fanden ja auch seine Kritiker, daß seine Auffassung sich völlig geändert habe.

Wir haben einen ähnlichen Fall bei Emil Sauer, der seine eminente Virtuosität spontan erlebte. So schreibt er in seiner Selbstbiographie: „Meine Welt, Bilder aus dem Geheimfach meiner Kunst": „In einem Abend überraschte ich die zahlreiche Zuhörerschaft *ebenso wie mich selbst . . . ein gänzlich Verwandelter*, mit eigentümlichem feurigen Schwung und in ermutigendem Selbstgefühl schienen auch meine Kräfte, wie durch *Zauberschlag* zu wachsen. Griffe, deren Gelingen bis dahin an der begrenzten Spannkraft meiner Hand scheiterten, gelangen *plötzlich* mit merkwürdiger Sicherheit, und die Läufe und Triller entquollen den Fingern so perlend und natürlich, als seien *diese von jeher* mit allen Schwierigkeiten vertraut gewesen."

Sauer wußte nicht, worauf diese plötzliche Änderung zurückzuführen sei. Das Wörtchen „plötzlich" gibt jedoch zu erkennen, daß es sich hier nicht um eine durch Exerzitien erlangte Fingerfertigkeit handelt, sondern um eine unbewußt eingenommene Schlüsselstellung des Körpers.

All das, was ich über die technische Einstellung zu schreiben haben werde, die schöpferisch tiefere Bedeutung einer solchen Umstellung, war Busoni noch nicht bewußt; insofern war es auch kein Geheimnis, das er zu hüten, beziehungsweise pädagogisch auszubauen gehabt hätte. Ausschlaggebend war seine organisch empfundene Einstellung, die er zwangsläufig einhielt, weil das Erlebnis ohne Hände zu spielen *erst* sein Gelingen garantierte und, wie er ja schreibt „dieses Spiel wirkt überall gleich stark, was ich auch vortrage"; also war es eine *Dominante* seiner Interpretationskunst.

Busonis Spiel resultiert aus einem Halbwissen, das mit einer *zwangläufigen* Gesamteinstellung des Körpers verbunden war. Dieses Gleitspiel ermöglichte ihm, alle Gliederungen eines Werkes zu überwölben, architektonische Strukturen zu fundieren. Wenn Busoni *ganz* im Wissen seiner *psycho*-organologischen Ein-

33

stellung gestanden hätte, wäre er, ich bin fest überzeugt, über sich selbst noch hinausgewachsen.

So wie er in kompositorischer Hinsicht seinen Schülern volle Freiheit ließ, so auch in der Art der Technik des Klavierspiels. Egon Petri, Michael von Zadora, phänomenale Virtuosen, hatten ihre eigene Spielweise, ebenso Leo Kestenberg. Wäre die gesamt körpertechnische Einstellung Busoni voll bewußt gewesen, so ist anzunehmen, daß er seine Erkenntnisse den wenigen Schülern weitergegeben und eine Schule hinterlassen hätte.

Nachdem ich das große zweifugige Konzert von Vivaldi, vom Lisztschüler August Stradal für Klavier übertragen (welches er mir zuschickte) Busoni vorspielte, sagte er mir mit lebhaften Armbewegungen nur: „Fahren Sie so fort!" Ich spielte bereits damals mit fast gestreckten Fingern, eine Einstellung, die ich auch bei Robert Teichmüller, dem berühmten Pädagogen, und beim Lisztschüler Conrad Ansorge einnahm. Nach dem Tode Busonis unterrichtete ich auf Wunsch von Frau Gerda Busoni im Musiksalon seiner Wohnung am Viktoria Luisenplatz in Berlin.

Bis zu meiner wissenschaftlichen Auseinandersetzung gab es keine Überlieferung, so wie er auch als Komponist keine Schule hinterließ. Wladimir Vogel schreibt sehr richtig in seiner Gedenkrede zum hundertjährigen Geburtstag, die er in der „Akademie der Künste" in Berlin gehalten hat und die ich zum Abdruck brachte. Vogel schreibt: „War Busoni ein Lehrer im üblichen pädagogischen Sinne, der die Schüler anzulernen suchte wie man komponieren sollte, ihnen eine Methode, eine Technik beibringend? Busoni ging primär vom Einfall und der Idee, welche der Komposition des Schülers zugrunde lag, aus und suchte jene Realisierung und Technik ins Bewußtsein des Schülers zu bringen, die am besten den *Einfall* und die Konzeption zur Geltung bringen könnte. Darum lag den Unterweisungen kein festes System zugrunde, keine Methode; man war frei von jeder vorgefaßten Einstellung, wobei der *Einfall* (von mir unterstrichen), also eine oft *unbewußte* Eingebung, den Weg zu öffnen versprach. Die Schüler konnten jeder seinen eigenen Weg gehen. Darum gibt es heute keine Busonischule im Sinne einer wiedererkennbaren Nachfolge."

Die Interpretation Busonis *vor* seiner technischen Umstellung war eine andere. Die Platten, die damals von Busoni auf dem Spielapparat „Welte-Mignon" aufgenommen wurden und jetzt auf Langspielplatten übertragen sind, geben nur ganz ungefähr das *damalige* Spiel Busonis wider. Ich zitiere den Abschnitt über Busoni in der „Basler Nationalzeitung" (14. Dez. 1958) des Baslers Musikologen Hans Oesch: „Wenn wir nun zu den bedeutenden Pianisten übergehen, die in dieser Plattenreihe Werke anderer interpretieren, so müssen wir zuerst von Ferruccio Busoni sprechen. Über sein phänomenales Klavierspiel ist von zeitgenössischen Bewunderern und von Fachleuten viel geschrieben worden. Wir erinnern dabei nur an die vielen Schriften Heinrich Kosnicks, der dem einzigartigen, geistvollen und bahnbrechenden Meister nahegestanden hat. Gerade in den Publikationen Kosnicks ist klar zum Ausdruck gebracht worden, worin das ganz besondere des Klavierspiels Busonis lag, worin sich seine spezielle pianistische Haltung grundsätzlich von derjenigen anderer Kollegen unterschieden hat. Die Welte-Aufnahmen nun, die jetzt vorliegen, stammen aus viel früherer Zeit, aus dem Jahre 1905, da Busoni erst 39 Jahre zählte. Wir hatten den Vorzug, sowohl Heinrich Kosnick als auch dem Busoni-Schüler Wladimir Vogel die Aufnahmen vorzuführen, und beide erklärten spontan: „So haben wir Busoni nicht in Erinnerung!" Heinrich Kosnick, der in diesen unbefriedigenden Aufnahmen mit Recht die negative Komponente des Klavierspiels Busonis sieht, daß dieser erst nach einer organologisch-schöpferisch-technischen Umstellung zur vollen Reife gelangen konnte, warnt mit Recht davon, daß diese Platten nun als Dokumente für Busonis pianistischen Stil angesehen werden. Wir können niemand ermuntern, sich diese Busoni-Aufnahmen zur Richtschnur zu nehmen."

Soweit Oesch. Busoni lehnte diese Aufnahmen von damals ostentativ ab, wie mir das auch von Kestenberg brieflich bestätigt wurde. Busoni selbst war bis zu seinem körpertechnischen Erlebnis durchaus nicht zufrieden. Er schreibt: „Es war jene Zeit mei-

nes Lebens, da ich mir solcher Lücken und Fehler in meinem eigenen Spiel bewußt geworden war, *daß ich mit energischem Entschluß das Studium des Klaviers von vorne und auf ganz neuer Grundlage begann.*" (Berlin, 1910). Und im „Autobiographischen Fragment" schreibt er: „Im Alter von fast 43 Jahren und an ein gewisses Zeichen der Reife in der Kunst gelangt...", also in der Zeit des charakteristischen Briefes an seine Frau.
Daß Busoni kein Geheimnis zu verbergen hatte, möchte ich auch aus Folgendem demonstrieren. Busoni schreibt: „Ein Klaviergenie wäre — wie das Genie überhaupt — diejenige Begabung, welche einen neuen Weg beschritte, die beispiellose Dinge vollführte; Dinge, wozu es wieder einen kleinen Zeitabstand brauchte, sie ihm abzugucken. Solche Klaviergenies waren Beethoven, Chopin, Liszt; sie ersannen neue Mittel, rätselhafte Wirkungen, schufen „unwahrscheinliche Schwierigkeiten", schrieben eine eigene Literatur. Von den allerberühmtesten lebenden Pianisten kann man ruhig behaupten, daß sie in diesem Sinne nichts hinzufügten. Derjenige, der bei seinem Auftreten allein dasteht und erst später Nachahmer findet, dem kommt die Bezeichnung „Klaviergenie" von Rechts wegen zu. Aber man erteilt sie ihm dann nicht."
(Allgemeine Musikzeitung, Berlin, März 1912).
Nun, eine Komposition, ein Riesenwerk wie die „Fantasia contrappuntistica", die Busoni in der Quadrupelfuge über Bach hinaus gestaltete, konnte nur in körpertechnischer Meisterschaft eines Busonis derart überwältigend zum Ausdruck gebracht werden. Daß er diese Meisterschaft vollzog und ihm nur das Eine bewußt war, daß er „fast ohne Hände spiele" ergibt sich aus seinen späteren pädagogischen Ratschlägen. Er schreibt 1917 im Vorwort zur großen kritischen Ausgabe von Liszt „Don-Juan-Fantasie", also in einer Zeit, in der er bereits das Erlebnis seiner klaviertechnischen Einstellung im öfters erwähnten Brief an seine Frau im Jahre 1909 hinter sich hatte: „Er (Busoni) ist zur Ansicht gereift, daß die Erlangung einer Technik nichts anderes ist, als die Anpassung einer gegebenen Schwierigkeit an die eigenen Fähigkeiten. Daß dieses zum minderen Teile durch physisches Üben, zum größeren durch das geistige Ins-Auge-fassen der Auf-

gabe gefördert wird, ist eine Wahrheit, die vielleicht nicht jedem Klavierpädagogen, wohl aber jedem Spieler offenbar geworden, der durch Selbsterziehung und Nachdenken sein Ziel erreicht."
Hier wird es deutlich, daß Busoni seine Einstellung *nicht* als Geheimnis zurückhielt, denn wir können wohl nicht annehmen, daß er den Leser durch die eben erwähnten Ratschläge irre führen wollte. Dennoch muß man sich sagen, daß er *diese* Art „fast ohne Hände zu spielen", *die ihm ja erst die volle Bewunderung der Zuhörerschaft einbrachte*, und ihm seine Souveränität verlieh, *beibehielt. Es war also* ein organisches Wissen, dem er sich ergab. Hier ein eklatanter Hinweis in Bezug auf eine bestimmte Haltung. Das „geistige Ins-Auge-fassen", wie das geistige sich Distanzieren erstreckt sich auch auf die zu *empfindende Gliederhaltung,* die bei agogischen Ansätzen und Abläufen willensmäßig wachzuhalten ist. Natürlich ist es der Geist, welcher einer Gestaltung Souveränität verleiht, zumal ihr zugleich, wie das bei Busoni der Fall war, der gegliederte Körper-Bewegungsapparat willens- und empfindungsmäßig zugeordnet wird.

Busoni im Lichte seiner Bewunderer

Arthur Rubinstein erzählt aus seinem Leben: „Busoni spielte geheimnisvoller als alle anderen. Er war ein Genie. *Sein Klavier klang manchmal wie ein Zauberkasten.* Wir Pianisten, alte und junge, saßen sprachlos dabei, wenn er spielte. *Auch heute würde er uns alle schlagen.* Niemals habe ich jemanden mit solcher Leichtigkeit, solcher Eleganz und solcher Meisterschaft die schwierigsten Werke spielen hören."

Nun, dieser „Zauberkasten" war seine *körpertechnische* Einstellung, nicht nur seine enorme geistige Anpassung. Die geistige Distanzierung gegenüber einer agogischen Gliederung des Werkes gab ihm die besondere Art, kontrapunktische Beziehungen architektonisch auszugestalten, zu überhöhen, aber seine Haltung am Flügel, das Aufgerichtetsein des Kopfes und Rumpfes, die liegende Schulter, seine „eiserne" Führung beider zueinanderstrebenden Arme, all das ergibt sich aus einer *bestimmten* körperlichen Einstellung, wie ich das sachlich noch auszuführen haben werde. Die Einzigartigkeit, womit Busoni die heutigen Repräsentanten schlagen würde, ist — und das ist das Entscheidende — seine völlig andere zum Ausdruck gebrachte technische Meisterschaft! Wie Beethoven und Liszt die Klaviertechnik auf eine höhere Ebene erhoben, so war es ebenso bei Busoni der Fall. Es war seine körpertechnische Einstellung, welche ihm den Sprung zur andersgearteten Ausdrucksgestaltung ermöglichte und die herkömmliche musikalische Interpretation durchbrach.

Der Strom in der Landschaft bleibt in all seinen Windungsbewegungen dem gegenständlichen Grund seines Laufbettes angesaugt verhaftet. Bei Busoni war die *organische* Verbundenheit der Strom seiner Gestaltung, *unabgerissen* mit dem urgrundlichen Gegen-stand des Daseinsbettes klanglich verbunden verhörbart.

Leo Kestenberg schreibt in seinen „Musisch-musikantischen Lebenserinnerungen" über Busoni: „Schon der Name faszinierte mich, in meinem Unterbewußtsein bereitete sich eine entscheidende Wendung, die Wendung meines Lebens. Bis zum heutigen Tage hänge ich mit grenzenloser Liebe und Bewunderung an diesem unsterblichen Künstler Meister. Ich weiß nur noch, daß ich von seinem ganz unvergleichlich großartigem und *alles bisher Gehörte* weit übertreffendem Spiel hingerissen war, wie auch von der Monumentalität dieser Persönlichkeit, von der ein geradezu mystischer Zauber auf mich ausstrahlte."

Leo Kestenberg schickte mir aus Tel-Aviv kurz vor seinem Tode ein umfangreiches Manuskript „Meine Klavierstunde" (ein Lehrgedicht, ca. 50 Druckseiten), das er mir gewidmet hat. Ich zitiere daraus ein paar Sätze, die Busoni betreffen: „Verzaubert durch dieses *dämonisch-schwebende* Spiel, das Phänomen ist mit seiner *Gestalt* verknüpft. Keine Schwierigkeit wird durch Zufall erklommen, mit klarstem Bewußtsein jeder Sprung genommen. Noch viele tausend Worte ließen sich finden, ohne das Wesen dieses Spiels zu ergründen".

Wilhelm Kempff in seiner Selbstbiographie. „Unter dem Zimbelstern: „... daß ich die persönliche Bekanntschaft eines anderen Großen im Reiche der Tasten machen durfte, eines Mannes, den man hätte einen posthumen musikalischen Leonardo heißen können: Ferruccio Busoni!"

Stefan Zweig schreibt in seinen „Erinnerungen eines Europäers": „Von Jugend an hatte ich keinen unter den Virtuosen dermaßen geliebt wie ihn. Wenn er am Klavier konzertierte, bekamen seine Augen einen wunderbaren träumerischen Glanz. Unten schufen *mühelos* die Hände, *einzige Vollendung*, aber oben horchte, leicht zurückgelehnt, das schöne durchseelte Haupt und lauschte die Musik, die er schuf, in sich hinein. Wie oft hatte ich in den Konzertsälen wie verzaubert auf dies durchleuchtete Antlitz gesehen, während die Töne weich aufwühlend und doch silbern klar mir bis ins Blut eindrangen."

H. H. Stuckenschmidt führt zum hundertjährigen Geburtstag Busonis in der „Frankfurter Allgemeinen" (2. April 1966) u. a. aus: „... sein großartiges Gesicht zeigte nichts von dem harten

Denkprozeß, den man in jeder Einzelheit des Spiels hörte. Wie eine Marmorstatue, selbst die Hände nur *minimal bewegt*, schien er ein Sprachrohr des Geistes, den er aus Tasten beschwor."

Interessant ist ein Ausspruch von Edwin Fischer, der etwas Charakteristisches konstatierte, ohne darauf eingehen zu können. Er schreibt „Über musikalische Interpretation": „Busoni, der zu den größten Virtuosen aller Zeiten gehörte, spielte in seiner Jugend so glanzvoll, laut hinreißend; im Alter habe ich von ihm kaum ein Forte gehört; es genügte ihm so, denn ihm kam es ja auf die *Relationen* der Tonstärke, nicht mehr die Stärke an sich an."

Mit dem Erlebnisbegriff „Relationen der Tonstärke" bringt E. Fischer die besondere Gebundenheit der Töne untereinander zum Ausdruck.

Abschließend ein Bericht von Ernst Kohlhauer: „Kein Klavierspiel vermochte einen solchen Glanz auszustrahlen wie das seinige. Es war mit nichts vergleichbar. Hinter Busonis künstlerischer Erscheinung stand noch etwas anderes, Unerklärbares. Ich dachte auch an des Meisters erstes Wiederauftreten in der Philharmonie nach sechsjähriger Abwesenheit in der Schweiz. Ich sah den ergrauten Kopf wieder vor mir, wie er vor ausverkauftem Saal einer Zuhörerschaft dankte, die sich bei seinem Erscheinen auf dem Podium spontan erhoben hatte und ihn mit minutenlangem Beifall überschüttete. — Zadora erzählte mir, noch tief erschüttert, von den letzten Stunden des Meisters. Schon ein Sterbender, äußerte er einem seiner Schüler gegenüber den Wunsch, ihm etwas vorzuspielen. Zur Verwunderung bat er um Mendelssohns „Lieder ohne Worte". Nach dem Spiel lag eine atembeklemmende Stille über dem Raum ... Busoni weinte."

Erlebniswissen namhafter Künstler

Beachtenswert ist die Beobachtung des englischen Pianisten A. J. Hipkins, der Chopin im Jahre 1848 in London hörte; er schreibt in seiner Schrift „Wie Chopin spielte": „... eine harte abgehackte Note bereitete ihm Schmerz. Sein klangvoll gebundener Anschlag war herrlich. Jedes Hämmern auf dem Klavier war ihm in der Seele zuwider. Die weitspannenden gebrochenen Akkorde ließ er aufrauschen und abschwellen wie Wogen in einer Flut von Wohllaut. *Seine Ellbogen lagen eng am Körper an.*"
Nach Berichten des letzten Dogen von Ragusa, soll Paganini selbst im „wildesten Spiel" den Ellenbogen gegen den Rumpf gehalten haben. Daß *diese* Haltung auffiel, zeugt von einer Besonderheit. Paganini hat immer schroff abgelehnt, ja mit Zornausbrüchen beantwortet, wenn man seine technische Fertigkeit auf ein unerhört geduldiges Üben zurückführen wollte. Wir haben keinen Grund, an dem Ernst folgender Äußerung Paganinis zu zweifeln: „Aber diejenigen irren, die glauben, daß mein Geheimnis im Bogen oder in der Stimmung meines Instrumentes beschlossen liegt. *Denken muß man können! Geist haben! Dann kommt man auch dahinter!*"
Auch wenn der Arm benötigter Weise vom Rumpfe sich entfernt, bleibt der noch zu kennzeichnende Muskelzug, bleibt das Heranstreben des Armes zum Rumpf hin, durch eine Einwärtsdrehhaltung des Schulterblattes und des Oberarmes (psycho-physiologisch-anatomisch begründet) ununterbrochen bestehen.
Carl Mikuli, ein Lieblingsschüler von Chopin, spricht betonend von der „ausgesprochenen *Einwärtshaltung des Handgelenkes*" (Vorwort zur Chopinausgabe). Nach Berichten soll Chopin vor dem Konzert eng anliegende Glacéhandschuhe durch Spreizung der Finger zum platzen gebracht haben und war verstimmt, wenn es ihm nicht gelang. Nebenbei bemerkt: wenn man die Handfläche spreizt, so straffen sich zwangsläufig die randständigen

Sehnen zwischen Hand und Daumen (Gegenhand) in der Handgelenkregion am Unterarm an; sie bilden eine Trageplattform für das gesamte Handgebilde.

Eine große Spreizfähigkeit der Finger war Paganini, nach dem Bericht seines Arztes Dr. Rennati, zu eigen. Es sind nicht die lockeren Bänder, sondern die gegenseitig sich dehnenden Muskeln, die eine ausgiebige Elastizität ermöglichen.

Conrad Ansorge, ein Lieblingsschüler Liszts, bei dem ich vor Busoni studierte, pflegte jeden Morgen mit den Fingern Dehnübungen zu machen, wie er mir sagte: „Ich recke sie, ähnlich, wenn man morgens erwacht und seine Glieder reckt."

Tschaikowsky schreibt von den Händen Hans von Bülows, sie seien „gummiartig."

Ed. v. Bauernfeld, der Freund von Franz Schubert, spricht in seinen „Erinnerungen" über Paganini und „... von der dämonischen Gestalt, die einer von *Drähten gezogenen,* mageren, schwarzen Puppe glich."

Wladimir v. Pachmann, der berühmte Chopin-Interpret schrieb als Sechzigjähriger, daß er erst jetzt verstehe, was es bedeutet, richtig Klavier zu spielen, und zwar seitdem er die Finger nicht mehr gekrümmt, sondern gestreckt hält.

Karl Klindworth schreibt: „Anton und Nikolaus Rubinstein (Nikolaus Rubinstein ein bedeutender Pädagoge) legten ihre Finger fast *geradegestreckt auf die Tasten.*"

Emil Sauer schreibt in seiner bereits angeführten Selbstbiographie: „Was meiner Überzeugung nach jeder halbwegs erfahrene Pädagoge seinen Schülern beibringen muß: die geeignete Stellung der Hand." Sauer spricht aber nicht, wie diese geeignete Stellung vorzunehmen ist.

Der seinerzeit gefürchtete Eduard Hanslick führt über Carl Tausigs Spiel aus: „Peinlich berührt die Absichtlichkeit, mit welcher Herr Tausig die *häßlichste* aller möglichen Anschlagsarten kultiviert: das Stechen in die Tasten, die das Klavier wimmern macht."

Über Anton Rubinstein: „Er hat die ganze saftige Fülle seines unvergleichlichen Anschlages beibehalten, die Titankraft im Forte neben der Zartheit eines bis an die Grenze des Hörbaren streifen-

den Pianissimo. Er produziert ein solches Wogen von Tönen, solchen Umfang durchbrausend, daß den Zuhörer ein wahrer Schwindel des Gehörs erfaßt und das Auge nachhelfen muß, das Unerklärliche zu fassen. Bei alle dem bleibt die Haltung Rubinsteins — worauf wir einigen Wert legen — immer ruhig." Weiter über Brahms: „Wir kennen Brahms Technik als eine enorme, aber es fehlte ihm an diesem Abend mehr als sonst der volle singende Anschlag, der den ganzen Ton *gleichsam mit der Wurzel aus dem Instrument zieht.* In diesem Punkt ist Anton Rubinstein mustergültig und Brahms entschieden überlegen." Und in einer anderen Kritik: „Die hinreißende Macht eines Klavierspiels liegt vor allem im Anschlag. Nur wer den ganzen vollen Ton aus dem Instrument *zieht,* der wird den ganzen, vollen Eindruck machen. Jeder persönliche Kunstbeitrag wird als ein Doppelresultat von Geist und Körper, den Bedingungen des letzteren ebenso wie des ersteren folgen."
George Sand schreibt feinsinnig über Liszt Spiel: „Seine Hände schienen nicht Tasten zu greifen, sondern unmittelbar aus den Saiten die Töne in den Raum zu *ziehen."* Wenn Liszt an die Gräfin d'Agoult schreibt: „Ich fange an wunderbar zu spielen", so heißt das wohl kaum, daß er in musikalischer Hinsicht reifer geworden ist, sondern daß sein Gefühlserleben noch intensiver in Einklang mit seiner körperlichen Einstellung steht. So schreibt er in einem anderen Brief an d'Agoult „... nach meiner Art, also Katzen-, Löwen- und Tigerart .. ".
Und Bach? Dieser Größten einer kam von der Orgel her; sein Spiel erforderte den „ganzen Menschen", der mit Händen und Füßen an die zu meisternde Umwelt herantritt, Extremitäten, die in nervlicher und muskulärer Hinsicht auf das engste in funktioneller Verbindung stehen. Ein Zeitgenosse Bachs, Constantin Bellermann, schreibt: „Der Leipziger Bach verdient, das musikalische Wunder genannt zu werden. Wenn er in Stimmung ist, spielt er allein mit den Füßen so wunderbar erregend und schnell mehrstimmig-harmonisch auf der Orgel, daß es ihm andere auch mit den Fingern nicht nachtun können. Der Erbprinz Friedrich von Hessen, der Bach einst zur Prüfung einer erneuerten Orgel

nach Kassel gerufen hatte, bewunderte die Kunst seiner Füße, die so beflügelt über die Pedale eilten, daß die wuchtigsten Klänge wie Blitz und Donner in den Ohren der Hörer widerhallten, so sehr, daß er einen edelsteingeschmückten Ring vom Finger zog und nach Beendigung des gewaltigen Spiels dem Künstler schenkte."

Philipp Emanuel Bach schreibt an Forkel: „Oft erschraken die Organisten, wenn er auf ihren Orgeln spielen wollte und nach seiner Art die Register anzog, indem sie glaubten, es könnte unmöglich, so wie er wollte, gut klingen; sie hörten aber hernach einen Effekt, worüber sie erstaunten. Diese Wissenschaften sind mit ihm abgestorben. Das erste, was er bei einer Orgelprobe tat, war dieses: Er sagte zum Spaß: „Vor allen Dingen muß ich wissen, ob die Orgel eine gute Lunge hat." Hier wurden die Orgelbauer oft vor Schrecken ganz blaß."

Bach kommt von der Orgel und vom Gesang her; Zeitgenossen betonen ausdrücklich, daß Bach in seinem Unterricht Wert auf einen „fließenden Gesang" legte. Wieso die zahlreichen Staccatopunkte in den Bachschen Ausgaben hineingeschmuggelt wurden, wäre einer Dissertation wert. Die Orgel verlangte einen intensiven Niederdruck. Bach, ein sich selbst ergreifender dynamischer Mensch, tiefst naturverbunden, wie das Albert Schweitzer erstmalig zum Ausdruck gebracht hat, steht jenseits der Klassik und Romantik; er ist die Überwölbung dieser beiden Gefühlsströme des All-Erlebens, so wie Emanuel Kant die Überwölbung zweier Geistströme des Abendlandes ist. Busoni schreibt: „Neben Beethoven ist Bach der „Ur-Musik" am verwandtesten. Seine Orgelfantasien haben unzweifelhaft einen starken Zug von Landschaftlichem, von Eingebungen, die man „Mensch und Natur" überschreiben möchte".

Ein Zeitgenosse J. S. Bachs, N. Forkel führt über die Spieleinstellung Bachs wesentliches aus: „... mit *geradem Nagelglied* über den Tasten brachte er den Ton durch Druck auf die Tasten hervor, und die *Finger verließen die Tasten nicht,* indem sie sich hoben, sondern indem ihre *Spitzen,* sich zur inneren Fläche der Hand einziehend, von ihnen *abgleiteten* .Diese Bewegung war eine leichte und geringe, daß sie kaum bemerkt wurde, nur im *vorderen* Gelenk der Finger lag die außerordentliche Geschicklichkeit des Meisters, während er die Hand leicht gebogen, stets in ruhiger Haltung erhielt".

Daß das Nagelglied des Fingers, in dem die sensibelsten Nerven, die zu den Tastballen in der Hohlband in Beziehung stehen, eingebettet liegen — der Tastsinn, ein Grenzorgan zwischen Innenwelt und Umwelt — daß diese Nagelglieder eine besondere, ja wesenhafte Rolle spielen, geht aus *psycho*-physiologischen und anatomischen Gegebenheiten hervor, die noch im Lehrgang auszuführen sein werden. Busoni pflegte, nach mündlicher Mitteilung von Egon Petri, in geselliger Unterhaltung die Nagelglieder zu bewegen.

Glaubt man, daß das Hammerklavier der Grund war, die Finger beim Spiel gekrümmt zu halten? Der Niederdruck der Orgeltasten verlangte eine größere Druckausübung als beim Cembalo ... oder meint man, daß Bach sich bei der Orgel anders verhielt? Bach erlebte mit Hand und Fuß, mit Arm und Bein die funktionelle Einheit des eigenen Spielapparates.

Eine virtuose Behandlung des Instrumentes ist von elektrischer Natur und wer Alfred Reisenauer gehört hat, vermeint noch heute beim Zurückdenken an dieses Meisterspiel ein Prickeln in den Fingerspitzen und eine Temperatursteigerung wohliger Erregung zu verspüren. Das Prickeln wird am intensivsten in den Fingerkuppen und in der Vola der Hand empfunden. Der berühmte Physiologe A. Goldscheider leitete diese Prickelempfindung von dem spezifischen, differenzierten Sinnesnerv her, der die Druckpunkte vermittelt. Er spricht auch von der „vibrierenden" Druckempfindung, eine vortreffliche Bezeichnung. Daß Liszt diese Elektrisierung seiner Hände empfunden haben muß, erweist schon die Behandlung seiner klavieristischen Kompositionen, woselbst er das Vibrato in mannigfacher Form, ja selbst über einzelnen Noten verlangt.

Kirchenmusikdirektor Ludwig Doormann (Göttingen), seinerzeit Mitarbeiter des verstorbenen Thomaskantors und Begründer des „kirchenmusikalischen Institutes" Karl Straube, machte mich auf eine bedeutsame Tatsache aufmerksam, nämlich, daß in alten Ausgaben von J. S. Bach die Bezeichnung „Vibrato" über bestimmten einzelnen Noten angemerkt war, die in späteren Ausgaben weggelassen wurden. Vibrato heißt in diesem Fall nicht Repetition des Tones, sondern eine gewiße Empfindungseinstellung von Hand und Fingern.

Abschließend noch einige wesensreiche Erleuchtungen des Dirigenten Ferenc Frisay; Fundamentales im Abschnitt „Gedanken über Tempo, Ausdruck und Klangphantasie": „Tempo ist keineswegs allein das Zeitmaß! Tempo ist ein Zusammensetzen und Zusammenwirken von Zeitmaß, rhythmischen Gebilden, Prägnanz, Phrasierung, Agogik, Dynamik, Klang, Ausdruck. Dazu kommen die äußeren Gegebenheiten der akustischen Verhältnisse, und auch die zur Verwendung kommenden Instrumente müssen je nach hartem oder weichem Charakter, der zu dem Saal paßt oder nicht, gewählt werden. Ich höre Musik, besonders Orchestermusik immer in Farben, das ist mir angeboren". („Über Mozart und Bartok") Diese Fähigkeit war u. a. auch Joseph Pembaur und Alenxander Skrjabin zu eigen.

Jede künstlerische Technik, jeder Gegendruck, den der Druck auf das betreffende Objekt zur Auslösung bringt, muß in verinnerlichter, vorweggenommener Weise erstehen, selbst der des Pinselstriches auf die Leinwand mit der Empfindung, als werde in der Luft gemalt. Die Japaner sowie die Chinesen erzählen von ihren alten Meistern, daß ihre Schriftzeichen sich von ihrer Unterlage ablösten und Leben annahmen. Jede künstlerische Leistung muß ebenso eine Ausstrahlungsenergie erzeugen, um auf den Zuhörer nicht nur durch den Inhalt des Stückes, sondern vor allen Dingen durch die eigenen, bewußt grwordenen und gesteigerten Lebenskräfte zu wirken. Diese Art der Interpretation hat Bedeutung und Berechtigung, sie ist **Heilkraft**.

Die körpertechnische Einstellung ist die schöpferische Grundlage jedes künstlerischen Schaffens. Die bildenden Künstler, Maler und Bildhauer, sie sollten das Erlebniswissen des eigenen gegliederten Muskel-Bewegungsapparates zur Grundlage ihres Könnens als Voraussetzung machen. Der Mensch „an sich" hat sich weiter zu bilden und eine bewußtgewollte Entwicklung in die eigene Hand zu nehmen.

In Bezug auf die Ellbogenhaltung möchte ich schon an dieser Stelle andeuten, worauf es ankommt. Umwendebewegungen der Hand sind vom Zentralnervensystem an die Drehbewegungen der Speiche gebunden. Die Speiche nimmt in der Hängeruhelage des Armes eine *Mittelstellung* zwischen Ein- und Auswärtsdrehung derselben ein. Die Umwendebewegung der Hand zur Tastatur ist *nicht* von der Speiche her, sondern durch *Einwärtsdrehung des Oberarmes* vorzunehmen (die Elle wird miterfaßt, Ellbogen-Drehgriff), während die Speiche in Auswärtsdreh*strebung* zu halten ist. Es entsteht eine *Wringempfindung*, in der die *Gegensatzführung* der Zugkräfte lebendig bleiben soll (organisches Pedal, psycho-organische Kontinuitätseinstellung). Ober- und Unterarm streben mit einem *Seitwärtszug* gegen den Rumpf hin. Die Fixierung der Speiche löst die Empfindung aus, ohne Hände zu spielen; eine gänzlich andere seelisch-leibliche Einstellung wird manifest.

II. Teil

Cavitas glenoidalis

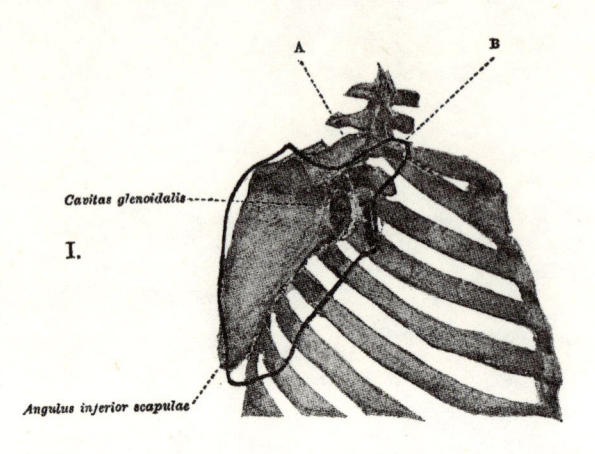

I.

Angulus inferior scapulae

Nach H. Braus „Anatomie des Menschen".

Das Schulterblatt kann nicht gesenkt, sondern nur im Schulterhöhen-Schlüsselbeingelenk gedreht werden. Siehe Bild. Du Bois Reymond stellte seinerzeit eine Schulterblattsenkung (zirka zwei Zentimeter) fest, ohne die bestehenden funktionellen Zusammenhänge klarzulegen. Das S-förmige Schlüsselbein kann gedreht werden (22 Grad), wobei das verhältnismäßig stark abgeplattete distale Ende der Clavicula einen Abwärtszug auf die Schulterhöhe (Acromion) ausübt, nicht zu verwechseln mit einer Schlüsselbeinsenkung. In diesem Fall handelt es sich um eine Schlüsselbeindrehung, die eine Schulter*gürtel*bewegung zur Folge hat und die durch den Bizeps, dessen Caput breve am Rabenschnabelfortsatz des Schulterblattes Ursprung nimmt, zustande kommen kann; seine Zugkraft wird durch das Lig. coracoclaviculare (durch das die Längsachse des Schulterblattes verläuft) auf das Schlüsselbein übertragen. Da der Bizeps den Arm ventral zieht, so dreht er den Oberarm nicht nur um dessen Hauptlängsachse, sondern trägt zur Drehung des Schulterblattes bei. *Der Ellbogen-Drehgriff ist eine* (siehe Seite 47) *Schlüsselstellung zwecks Beherrschung der Oberextremität;* die Folge der Drehung darf nicht zur Ursache gemacht werden.

Richtlinien zur musischen Erziehung

Im bewußten Zusammenwirken psychischer und physiologischer Kräfte ist unzweifelhaft ein Impuls für eine andere Lebenseinstellung gegeben. Bewegung nur um der Bewegung willen, käme einer sinnlosen Spielerei gleich. Die Willensrichtung führt zur Zielsetzung, die mit einem Bewegungsvorgang einhergeht und insofern in geist-seelischer und physiologischer Hinsicht in unmittelbare Beziehung zum gegliederten Muskel-Bewegungsapparat willens- und empfindungsmäßig (*psycho*-physiologisch) gesetzt werden kann. Und hier sind wir gezwungen, den Begriff der Entwicklung zu berühren; *Entwicklung bedingt Bewegung!* Die Entwicklung fördern heißt, sich die Aufgabe stellen, auch den Bewegungsapparat unseres Organismus *empfindungsmäßig* gestaltend einzubeziehen. Die Entwicklung ist nur unter bewußter Anteilnahme aller unserer Kräfte möglich. Der Nachdruck sei nicht auf eine einseitige geistige Tätigkeit gelegt, sondern auf eine gleichzeitige Mitarbeit des Gesamtorganismus.

Der menschliche Muskel-Bewegungsapparat ist schöpferisch planmäßig angelegt, ihm liegen Anlagen zugrunde, die nicht individueller Natur, sondern universeller Art sind. *Die Pädagogik hat sich mit diesen Anlagen vertraut zu machen, und damit fallen sämtliche „Methoden" ins Wasser. Methodisch studieren heißt nach wissenschaftlichen Gegebenheiten* sich orientieren. Die Natur des Organismus — Organon der Schöpfung — weist durch bestimmte Muskelführungen *empfindungsmäßig* den Weg zur Beherrschung des gegliederten Muskel-Bewegungapparates. Gesetz und Freiheit des Aus-*druckes*, sie hängen miteinander zusammen. Der Student braucht sich keineswegs differenzierte anatomische Kenntnisse anzueignen, er muß aber imstande sein, eine präzise Lokalisierung seiner Glieder vorzunehmen; er muß wissen, was ihm die Natur für Möglichkeiten gibt. Seine Aufgabe ist es, die gelenkig miteinander verbundenen Körperteile zu sensibilisieren.

Jeder Teil des Skelettes hat seine ihm zur Verfügung stehenden Muskeln, seine ihm zugehörigen motorischen und sensiblen Nerven. Je verselbständiger ein Körperteil in das bestimmende Bewußtsein tritt, umso mehr kann er mit seinem Nachbarteil zusammen eine Aufbauarbeit leisten. Der Mensch ist ein Gemeinschaftswesen in sich selbst.

Je bewußter, erlebnisreicher der Mensch sich willens- und empfindungsmäßig gliedert, umso aussagender wird er den organischen Boden, seine leibliche Erde, vorfinden, auf der er sich zu vervollkommnen hat. Gliederung ist Liebesdienst am Sein. Ist Gefühl alles in Bezug auf das Gedankengut des Menschen, so ist Empfindung alles in Bezug auf ein bewußt-gewolltes köpertechnisches Können, das im Zusammenhang mit der Schöpfung steht.

Es ist mit begabten Schülern leicht, bemerkenswerte Resultate zu erzielen. Der Begabte hat auch ohne von der Gegensatzführung der Glieder untereinander zu wissen, die empfindungsmäßige charakterliche Einstellung zu seinem Muskel-Bewegungsapparat. Ich möchte aber sehen, wie man einen gehemmten und verkrampften Schüler vorwärts bringt und zwar im Sinne, daß er seiner selbst bewußt sich willens- und empfindungsmäßig weiter entwickeln kann. Und darauf kommt es an! Autoritäre Ratschläge sind sonst null und nichtig, auch wenn sie von einem Könner erteilt werden. Nicht *persönliche* Methoden sind maßgebend, die einzige Methode auf die es ankommt, ist die von der Natur geschaffene allgemeingültige Anlage! Diese aufzuzeigen wäre die Aufgabe einer Lehranstalt.

Die Erziehung hat von innen her nach außen hin zu erfolgen. Ohr, Auge, Gleichgewichtsorgan und Muskel bilden ein eng miteinander verflochtenes System. Eine Anzahl von Tönen gleichzeitig hören, bedeutet ein räumliches Moment in die Empfindung einbeziehen. Auch die Aufeinanderfolge einzelner Töne, ein Bewegungsvorgang, Töne hohen und tiefen Charakters, ist mit räumlichen Empfindungen verbunden. Bereits hieraus ist zu ersehen, daß das Hörphänomen nicht allein die Tätigkeit des **Ohres** voraussetzt, vielmehr engste Verbindungen mit dem Raumorgan, den halbkreisförmigen Bogengängen einhergeht. Beide Apparate, das Cortische Organ, das uns die Töne vermittelt und die halbzirkelförmigen Bogengänge, das Raum- und Gleichgewichtsorgan unseres Körpers, bilden zusammen mit dem Vorhof das Labyrinth oder das innere Ohr.

Musik ist nicht nur die Angelegenheit des Ohres, sowie die Malerei nicht nur eine solche des Auges ist. Wir hören innerlich mit dem Gesamtkörper; auch beim Anschauen eines Gemäldes unterhält das Auge Beziehung zu den Bogengängen, zum gegliederten Muskel-Bewegungsapparat!, ja, wir erleben ein Bild durchaus mit leiblichen Empfindungen. Die Einheit der Künste in ihrer technischen Auswirkung ist heute keine Utopie mehr, sie ist Wirklichkeit. Darum steht der gegliederte Muskel-Bewegungsapparat im Vordergrund einer bewußt anzupackenden leibseelischen Erziehung, jeder schöpferischen musischen Erziehung überhaupt.

Das Technische muß bei allen Schülern auf einer gleichen wissenschaftlichen Grundlage beruhen. Dem Pädagogen fällt die Aufgabe zu, auf die Verselbständigung des Schülers hinzuarbeiten, ihn so zu führen, daß er unter *Selbstkontrolle* seine Übungen leiblich erlebnisreich, erlebniswissend auszuführen vermag.

Der Mensch hat sich in seiner Überzeugung zu gestalten, nicht nur im Zeugungsakt. Die Über-Zeugung erhöht den Menschen in seiner Einsamkeit zur Ganzheitlichkeit. In dieser Einsamkeit steigert sich der Mensch in die unstillbare Sehnsucht nach Vervollkommnung, sich in die Urharmonie der Schöpfung einordnend.

Nicht nur das vorkindliche Bewußtsein durchläuft innerhalb des Beckens seine organischen Entwicklungsphasen, auch das eigene erwachende Selbstbewußtsein hat sich zurückzuversenken, sich den Leib zu verinnerlichen, um durch Sichselbstbeeinflussung eine Weiterentwicklung, eine Selbstgeburt vorzubereiten.

Vorbemerkung zur spieltechnischen Einstellung

Der Empfindungsbegriff „pianolenhaft", der vom Pianisten Demetriescu über das Spiel von Busoni geprägt wurde, bringt die gleichmäßige Druckgleitung gut zum Ausdruck. Wenn der Klaviervirtuose Mark Hambourg bei Busoni auf die Schulter hinweist, so ist das nur bedingt und beziehungsweise richtig, aber Busoni hätte nicht, wie in jenem öfter von mir zitierten Brief geschrieben: „Ich spiele fast gar nicht mehr mit den Händen ...", sondern, im organischen Erlebnis stehend, hätte es dann lauten müssen, etwa: ich spiele von der Schulter her ... dieses Spiel" und so weiter; Busonis Erleben jedoch galt der Hand!

Die Hand steht unmittelbar in muskulärer und in nervöser Beziehung zur Speiche, dem Drehknochen für die Umwendebewegungen der Hand; die Drehung verläuft um die Diagonalachse des Unterarmes. Im Moment, wo die Speiche fixiert und der Hebelausschlag der *Elle* vonseiten einer Schulterblatt- und Oberarmdrehung druckausübend beteiligt wird, ersteht *spontan* die Empfindung „ohne Hände zu spielen", weil die Hand sich empfindungsmäßig von der Speiche löst. Dieser Vorgang wird m. E. von Busoni sprunghaft erlebt worden sein; Elle und Schulterblatt kommunizieren miteinander durch eine nervöse Führung.

Auf eine bestimmte Schulterblatteinstellung hat die Klavierpädagogin Elisabeth Caland, Schülerin Deppes, hingewiesen. Daß die Finger in funktioneller Beziehung zur Schulter stehen, hat bereits Marie Jael festgestellt; Albert Schweitzer, der auch bei ihr studierte, berichtet darüber in seiner Lebensbeschreibung.

Der verstorbene, hervorragende Geigenpädagoge Siegfried Eberhardt hat nicht ganz Unrecht, wenn er in seinem umfangreichen Hauptwerk „Hemmung und Herrschaft auf dem Griffbrett" schreibt: „Die unfruchtbaren Versuche Calands, vom Schulterblatt aus eine Verbesserung der Armlage zu gewinnen, konnten in ihrer Unzulänglichkeit sehr schnell nachgewiesen werden, da

durch bewußte Schulterblattsenkung weder eine Ausdrucksbefreiung, noch eine Erleichterung, sondern eine Erschwerung des Bewegungsablaufes sichtbar wurde." (Seite 149).
Eberhardts Feststellung konnte ich nur bestätigen. Die Schüler, die ich kennen gelernt habe, waren mehr oder weniger verkrampft. Es fehlte Caland ein wissender Aufbau der von Natur gegebenen psycho-physiologisch-anatomischen Beziehungen. Der methodische Begriff einer Schulterblatt*senkung* ist irreleitend und daher abzulehnen, weil dem Studierenden eine unsachliche Empfindung suggeriert wird, die den Tatsachen nicht entspricht. Eine *effektive* Senkung schließt auch eine Gefahr ein, weil das Nerven-Gefäßbündel, das zwischen der ersten Rippe und dem Schlüsselbein zum Arm hin verläuft, dadurch gequetscht würde, was zu Lähmungserscheinungen führen kann.
Wenn beispielsweise die Speiche einwärts gedreht wird (proniert), so sprechen wir nicht von einer Senkung der Speiche, sondern von einer Drehung derselben; eine umgewendete Hand bedeutet keine Handsenkebewegung. Elisabeth Calands Verdienst jedoch ist, die Aufmerksamkeit mit Nachdruck auf das Schulterblatt gerichtet zu haben; aber durch ihre Unkenntnis der anatomischen und psycho-physiologischen Vorgänge ist mehr geschadet als genützt worden.
Die Schule Caland wurde nach ihrem Tode von Alexander Truslit übernommen und weiter geführt. Truslit war nicht in der Lage, mir eine sachliche Erklärung zu geben. Er ging später eigene Wege und versuchte die Bewegungsabläufe aufzuzeigen, die den jeweiligen Kompositionen gesetzmäßig zugrunde liegen und erschloß damit neue Richtlinien in Bezug auf die Interpretationskunst. Nun, es handelt sich nicht um eine Senkung, sondern um *eine Einwärtsdrehung des Schulterblattes, die in funktionellem Zusammenhang mit einer Einwärtsdrehung des Oberarmes steht.* Dem Druck auf einen Gegenstand aus diesen Regionen, Schulterblatt und Oberarm, steht eine dynamische *Dehnungs*spannung sämtlicher Fingermuskeln untereinander gegenüber. Ich möchte gleich vorweg ausführen, daß man von der Schulter allein *nicht* zur Beherrschung der Finger und des Gesamtarmes gelangen

kann. *Jeder Körperteil des gegliederten Muskel-Bewegungsapparates hat von sich aus Ausweichmöglichkeiten entgegenzuwirken.* Wie es in nervöser Führung einen Weg von der Hand zum Schulterblatt gibt, so umgekehrt vom Schulterblatt zur Hand. Erst diese Beziehungen schaffen ein *wissendes Gesamterlebnis* der Oberarmextremität. Es handelt sich im systematischen Lehrgang und Aufbau um eine Umwälzung des überlieferten Klavierspiels, die über Busoni hinausgeht.

H. Hyrtl (1810) schrieb bereits in seinem „Lehrbuch der Anatomie": „Schulter, Oberarm und Vorderarm wurden nur der Hand wegen geschaffen".

Das Prinzip der vorliegenden psycho-physiologisch-anatomischen Forschung

Das Forschungsprinzip, das ich angewendet habe, gibt dem Studierenden eine Richtschnur für seine Arbeit. Da wir den gegliederten Arm in unmittelbare Beziehung zum äußeren Gegenstand (Instrument), auf den wir einen Druck ausüben, setzen, so werden wir mit der Schulter zu beginnen haben, weil sie sozusagen die Wurzel der Extremität ist. Die weitere Frage, weshalb mit der *Einwärtsdrehung* des Schulterblattes begonnen werden soll, ist dahin zu beantworten, daß die betreffenden Muskeln, die hierfür in Tätigkeit zu setzen sind, zu den mächtigsten der in die Rumpfwand eingelassenen Extremitäten gehören. *Also gibt uns der Organismus selbst diese Bewegungsrichtung zum Ausgangspunkt der Forschung.*
Nunmehr gilt es nacheinander die Armglieder in Augenschein zu nehmen, wenn die geforderte Bewegung vonseiten der Schulterblattdrehung auf einen äußeren Widerstand stößt. Hier tritt die Tatsache der jeweiligen Ausweichung des betreffenden Armgliedes in Erscheinung. Es ist vorerst der Oberarm, der durch die Schulterblattdrehung gegen einen Gegenstand bewegt wird und natürlicherweise in einer *Gegenbewegung*, Gegendrehung ausweicht, weil das Kugelgelenk des Schulterblattes diese Ausweichung in einer Auswärtsdrehung zuläßt. So sind es am Oberarm die mächtigen Einwärtsdreher desselben, welche die Ausweichung verhindern können.
Die Ausweichmöglichkeit wird vom Organismus durch den Bau der in Frage kommenden Gelenke gegeben, und wie wir feststellen müssen, ist die Anlage der betreffenden Muskulatur derart angeordnet, daß sie dieser Ausweichung, Rechnung tragend, entgegenzuwirken vermag. *Der methodische Weg wird demnach von der Natur selbst vorgeschrieben!*
Nach dem Oberarm rückt der zweigliederige Unterarm mit sei-

nen Ausweichmöglichkeiten in die praktische Auseinandersetzung. Die Elle kann, dank des Scharniergelenkes, in Drehrichtung nicht ausweichen, wohl aber die Speiche. Abschließend handelt es sich um die Klarlegung des Wirkungsverhältnisses zwischen Hand und Daumen (Gegenhand) und des gegliederten Fingers selbst.

Schulterblattdrehung, Oberarmdrehung, Unterarmgriff und Fingergriff ruhen druckausübend auf dem betreffenden Gegenstand. Ich wiederhole: der methodische Aufbauweg wird vonseiten des Organismus selbst vorgezeichnet. Jede Ausweichung bedeutet eine Verflachung, eine Veruntiefung des Willens im seelischen Aus*druck*. Kein dilettantisches Herumfuchteln von Hand, Finger, Speiche und Ellenbogen! Auch die Treffsicherheit ist nicht durch Übung zu erreichen, sondern sie ist die Folgeerscheinung einer sachlichen psycho-organischen Einstellung. Ausdrucks*bewegungen* sind etwas völlig anderes und sind nicht mit der hintergründigen Einstellunug zu verwechseln.

Die Eigenrotation, der Wille zur Selbsterhaltung ist ausnahmslos allem Sein *ewig* zu eigen, Selbsterhaltung bis zum persönlichen Unsterblichkeitsbedürfnis. Die Drehstrebung um die eigene Achse (Längsachse) ist dem Atom, dem Tornado, sie ist dem menschlichen Fötus bei der Geburt zu eigen; sie ist ursprungslos ewig!, ewige Eigenschaft der transzendenten Substanz.

Durch Gegensatzführungen von Schulter und Arm wird das Gewicht derselben im Zusammenhang mit dem Brustkorb auf die Wirbelsäule übertragen. Der Kopf wird dabei nicht nur aufgerichtet, sondern empfindungsmäßig emporgetragen. Schulter und Beckenhaltung sind beteiligt, eine *Ausgleichstrebung* der konkaven Hals- und Lendenwirbelsäule empfindungsmäßig hervorzurufen; Aufrichtung des Menschen in einer *zu empfindenden Bewußtseinshaltung*. Gestaltung durch Gestalt.

Schulterblattgriff.

Das Schulterblatt, gleichsam die Hand des Rumpfes, ist die Wurzel des aus der Rumpfwand frei herabhängenden Armes. Eine zielbewußte Beanspruchung der Schulter gibt dem Arm die rumpflich fundierte Beherrschung, richtet den Kopf auf und die ausgebuchtete Halswirbelsäule gerät empfindungsmäßig in eine Ausgleichstrebung.

Beim Hochheben des Armes (Elevation) kommt eine Schulterblattdrehung zustande; der Arm kann von sich aus nur bis zur Horizontale gehoben werden, eine Bewegung, die im Schultergelenk vor sich geht; ein weiteres Heben ist an die Drehung des Schulterblattes gebunden, welche im Schulterhöhen-Schlüsselbeingelenk stattfindet. Nun, wir können die Beteiligung des Schulterblattes wie beim Hochheben *auch* bei herabhängenden Arm willens- und empfindungsmäßig einbeziehen.

Beide Schulterblätter *divergieren* in ihren natürlichen Stellungen. *Nun bringe man diese divergierenden Schulterblätter in Parallelstellung.* Siehe hierzu die anatomische Aufnahme. Die Schulterblätter werden dabei zueinander *gedreht*, wobei die Parallelstellung willens- und empfindungsmäßig wachzuhalten ist. Die Schulterblatt*drehung* geht am äußeren Ende des Schlüsselbeines, im Schulterhöhen-Schlüsselbeingelenk vor sich.

Die Schlüsselbeine werden dabei weder vorbewegt noch gehoben oder gesenkt; es handelt sich um eine *reine* Schulterblatt*drehung*, nicht um eine Schultergürtelbewegung (Schulterblatt plus Schlüsselbein). Das Schlüsselbein liegt der Schulterhöhe auf und das betreffende Gelenk ist als minimale knöcherne Erhöhung am äußeren Ende des Schlüsselbeines abtastbar. Das Schulterblatt verfügt über zwei Gelenkanteilnahmen, eine für den Oberarm (das Schultergelenk), und eine für das Schlüsselbein. Die Schulterhöhe (Acromion) überragt epaulettenförmig die Schulterblattpfanne, die unterhalb des Schlüsselbeines mehr in der Tiefe nach rückwärts zu lokalisieren und zu empfinden ist.

Man habe bei der Schulterblattdrehung (Parallelstellung) die Empfindung, daß von den rechten und linken äußeren Schlüsselbeinenden (Schulterhöhen-Schlüsselbeingelenk) *entlang* der Schlüsselbeine die Schulterhöhen minimal zueinander gleiten; sie nähern sich einander, wobei die Schulterblattpfannen unterhalb der Schlüsselbeine in Parallelstellung geraten. Die Schulterhöhen

drücken förmlich gegen die Schlüsselbeine, sie „umlaufen" dieselben.
Der Vorgang der Schulterblattdrehung geht mit einer gesamten Schulterblattempfindung einher. Unterhalb der Schlüsselbeine in der Tiefe entsteht die Empfindung einer gegen die Mittellinie (Medianebene) des Rumpfes hineinzunehmenden Drehung. Es handelt sich um eine zu fixierende Schulterblatt*drehung*, um eine anatomische Gegebenheit.
Fußnote.
Man empfinde die Schulterblätter gleichsam als zwei dunkle Flügel, die empfindungsmäßig die seitlichen Wände des eiförmigen Brustkorbes umgleiten, ohne daß die Schlüsselbeine vorbewegt werden, im Gegenteil, sie werden willens- und empfindungsmäßig zurückgehalten (*psycho-physiologisch-anatomisch bedingte Gegensatzführung*).
Bildlich geschaut: ein Truthahn, der sin seiner Werbung die seitlichen Flügel gegen die Erde scharrend *dreht*.

Oberarmhaltung
Bei der Schulterblattdrehung (Parallelstellung) wird der Arm passiv mitgenommen. Wird diese passive Bewegung des Armes gegen einen Widerstand geführt, so *weicht* der Arm in einer Gegendrehbewegung aus, da das Kugelgelenk des Oberarmes eine Ausweichung in *jeder* Richtung zuläßt. Für die Beherrschung des Armes ist es also *wesentlich,* daß die *Verhinderung* der Ausweichung sachgemäß vollzogen wird. Eine Schulterblattdrehung allein genügt nicht, den Spielmechanismus zu beherrschen, das kann nicht genug betont werden. Es bedarf vonseiten des aus der Rumpfwand frei heraushängenden Armes einer *Gegenwirkung*, die ebenfalls in der Einwärtsdrehung liegt.
Die Achselfalten straffen sich an, sie sind willens- und empfindungsmäßig einwärts gedreht zu halten, wodurch sie den Oberarm einwärtsdrehend mitnehmen; der hinteren Achselfalte ist besondere Aufmerksamkeit zuzuwenden. Hüfte und Unterleib

werden empfindungsmäßig in Mitleidenschaft gezogen; der Lendenteil der Hüfte schwillt merklich an.

Die Einwärtsdrehung des Oberarmes ist *unmittelbar* sowohl auf das Schulterblatt, als auch auf den Unterarm, d. h. die *Elle* bezogen. Die Elle macht, dank des Scharniergelenkes *zwangsläufig* eine Hebelausschlagbewegung; sie kann im Ellenbogengelenk nicht gedreht werden.

Die Wachhaltung des sachgemäßen Drehimpulses am Oberarm in Zusammenhang mit der Schulterblattdrehung, ist der *dominierende* Faktor zwecks Kontaktnahme des *Rumpfes*, durch Vermittlung der Finger, mit dem in Frage kommenden Gegenstand (Instrument). Der zu empfindende *Drehimpuls* liegt der Tongebung zugrunde und gibt der Gestaltung den organischen Kontinuitätsboden: das organische Pedal; herauszumodellierendes Bildwerk des Ausdruckes.

Die Aufmerksamkeit ist demnach darauf zu richten, daß *beide* Aktionen, Schulterblattgriff und Oberarmgriff willens- und empfindungsmäßig voneinander getrennt vorgenommen und wachgehalten bleiben. Der Arm erhält dadurch eine in sich gefestigte Stütze. *Diese Einstellung von Schulterblatt- und Oberarmdrehung wird auf den äußeren Gegenstand (Instrument) übertragen.* Der Schulterblattgriff auf den Gegenstand ist jedoch *nur* übertragbar, wenn der aus der Rumpfwand frei herausragende Oberarm nicht ausweicht.

In praktischer Hinsicht kann die Einwärtsdrehung des Oberarmes in zwei Phasen vorgenommen werden; erstens, indem man unter Berücksichtigung der *hinteren* Achselfalte die Einwärtsdrehung vollzieht und zweitens, indem man eine *zusätzliche* Einwärtsdrehung mit einem *seitwärts* gerichteten Druck gegen die Schulterblätter ausübt. Bei der ersten Aktion nehmen wir diejenigen Muskeln in Anspruch, welche Schulterblatt und Oberarm miteinander verbinden, während bei der zweiten Aktion Muskeln in Tätigkeit gesetzt werden, die nicht mit dem Schulterblatt zusammenhängen, d. h. keinen Ursprung am Schulterblatt haben, sondern von tieferen Regionen des Rumpfes den Oberarm *einwärts* drehen, ihn *gegen* die Schulterblätter drängen und diese

zu einer Bewegung im Schulterhöhe-Schlüsselbeingelenk veranlassen. Bei der Unterextremität haben wir durchaus ähnliche Funktionsverhältnisse.
Ich möchte auch besonders darauf aufmerksam machen, daß die Drehung mit einer bestimmten Anstrengung verbunden ist (positive Hemmungsführung).
Bei der zweiten Phase geht die Oberarmdrehung mit einem *Druck* gegen das Schulterblatt einher, wobei das Schulterhöhen-Schlüsselbeingelenk *mitverspürt* wird, d. h. *die Schulterhöhe (Acromion) wird gegen das Schlüsselbein gestemmt empfunden.* Der Arm erhält eine dadurch *konstant* zu empfindende *seitwärts gerichtete Stütze*. Diese *seitwärts* gerichtete Stütze wird durch die *Finger in derselben Richtung,* wie wir das sehen werden, auf den Gegenstand (Instrument) übertragen. *Zur Einwärtsdrehung des Oberarmes kommt als entscheidendes Moment die seitliche Verankerung der Arme hinzu!*

Notiz.
Der Oberarm verfügt über zwei Drehachsen: Schaftachse und Hauptlängsachse. Der Schaft des Oberarmes ist ein gerader Knochen, während Hals und Oberarmkopf sich vom Schaft abbiegen; sie bilden einen Winkel. Die Hauptlängsachse verläuft durch das *Zentrum* des Oberarmkopfes und ihre Beanspruchung erfolgt mit einer unmittelbaren Anteilnahmeempfindung des Schulterblattes, während die Schaftachse eine „Leerlaufempfindung" zur Auslösung bringt, der Oberarm wird dann nur gerollt empfunden.

Anmerkung.
In früher Jugend in Stimmung des Gelingens, hatte ich die Empfindung, als ob ich meine Arme gleichsam als Schwungrad angedreht halte, ohne sie raumläufig zu bewegen. Nun, es war damals die unbewußte Einstellung zur Drehaktion des Oberarmes.

Übung.

Vom Oberarm zum Rumpf hin verlaufen zwei Achselfalten, die miteinander sehnig verbunden sind; ich möchte sie als ein fleischliches Mittlergebilde zwischen Rumpf und Arm bezeichnen. Bei der Einwärtsdrehung des Oberarmes sind diese Achselfalten, quasi vom Oberarm losgelöst, empfindungsmäßig an den Rumpf einwärts gedreht *angeklatscht* zu halten; man fühlt dabei ein Gestütztsein des Armes bis zu den Lenden herab. — In der Hohlhand haben wir eine ähnliche Sehnenmembran, in welcher antagonistische Muskelkräfte zusammengefaßt werden, dazu angetan, *gemeinsam* ein Funktionsziel zu erreichen. Mit dem empfindungsmäßigen Erfassen dieses Mittlergebildes kommen wir einer sachgemäßen Einwärtsdrehung des Oberarmes näher. *Die Achselfalten verselbständigt empfinden.*

Schulterblattgriff und Oberarmhaltung psycho-physiologisch-anatomisch gesehen.

Die Gegensatzführung der in Frage kommenden Muskelkräfte im Bereich der in die Rumpfwand eingelassenen Teile und dem aus der Rumpfwand frei heraushängenden Teilen der Oberextremität findet zwischen den entwicklungsgeschichtlich *zentrifugal* in die Extremität eingewanderten Kopf- und Rumpfmuskeln (M. trapezius und M. serratus anterior superior) statt, die an der Drehung der Scapula im Acromioclaviculargelenk gemeinsam beteiligt sind (wobei der cleidoscapulare Winkel vergrößert wird) und der *zentripetal* eingewanderten autochthonen Armmuskeln (M. pectoralis major und M. latissimus dorsi).

Bei der Elevation des Armes wird unbewußt eine Gegensatzführung im Bereich der zentrifugal eingewanderten Muskeln selbst angefordert, denn der Sägemuskel allein würde den Schultergürtel vorziehen und erst durch eine *Gegenwirkung* des Trapezius kommt eine Drehung des Schulterblattes im Schulterhöhen-Schlüsselbeingelenk zustande. Die Drehachse verläuft durch das Lig. coracoclaviculare, also auch hier eine naturbedingte

Gegensatzführung. Die Pars superior des Serratus löst die Empfindung eines Niederzuges bei der Drehung des Schulterblattes aus; der Angulus inferior des Schulterblattes ist bei der Drehung dominierend beteiligt.

Der M. subclavius sichert nicht nur die Sternoclavicularverbindung, sondern, da er lateral am s-förmig gebogenen Schlüsselbein inseriert, ist er m. E. in der Lage, dieses zu rotieren. Macht ja auch die gedrehte Speiche am distalen Ende des Unterarmes, ebenso die gedrehten Rippen, eine raumläufige Bewegung.

Hierzu die „reine" Schulterblattdrehung in der photographischen Wiedergabe des führenden verstorbenen Anatomen, Hermann Braus („Anatomie des Menschen", erster Band).

Die einander sich nähernden Schulterblattpfannen (Parallelstellung) drehen sich der Medianebene des Rumpfes zu.

Das Gewicht des Brustkorbes, als auch das der Arme, wird durch die gekennzeichnete Gegensatzführung unter Anteilnahme des M. rhomboides auf die Wirbelsäule übertragen. Durch Ursprungsanheftungen des Trapezius und des Rhomboides u. a. am Lig. nuchae ist eine Einwirkung auf die konkave Ausbuchtung der Halswirbelsäule und eine *Ausgleichstrebung* derselben gegeben, womit eine Aufrichtung des Kopfes verbunden ist. Ein Training des Serratus im Zusammenhang mit der Einwärtsdrehung des Oberarmes ist insofern wichtig, als der Serratus bei Lungenkranken degenerative Tendenz zeigt.

Die Übertragung des Gewichtes auf die Wirbelsäule des Brustkorbes gibt dem Sänger die Atemstütze. Unsachlich wäre es, eine solche erreichen zu wollen, indem der Brustkob vonseiten der Zwischenrippenmuskulatur gehoben gehalten würde, was eine Hemmung für die regulären Atmungsmuskeln bildet und eine Verkrampfung zur Folge hat. Für die „Atemstütze" kommen die auxilären Atemmuskeln in Frage.

Nicht zufällig wurden dem Organismus die zwei mächtigen Einwärtsdreher, der große Brustmuskel und der breiteste Rückenmuskel, dem Oberarm zugewiesen; außerdem gesellen sich noch zwei andere Einwärtsdreher hinzu, die direkt vom Schulterblatt her zum Oberarm hin verlaufen; es sind der Unterschul-

terblattmuskel (M. subscapularis) und der große runde Einwärtsdreher (M. teres major). Die Einwärtsdreher dominieren ...
„Die große Vernunft des Leibes" (Nietzsche).

Die vordere Achselfalte wird vom großen Brustmuskel, die hintere vom breitesten Rückenmuskel gebildet. Der *hinteren* Achselfalte ist deshalb besondere Aufmerksamkeit zuzuwenden, da hier auch der große runde Einwärtsdreher, den man als „Muskel der Gelehrten" bezeichnet, zum Arm hin verläuft (Armstellung beispielsweise bei Beethoven und Brahms beim Gehen). Mit der Einwärtsdrehung des Oberarmes, wie sie im praktischen Teil gekennzeichnet worden ist, wird der M. teres major, der genetisch mit dem Latissimus zusammenhängt, innerviert, ein Muskel, der für den langen Trizepskopf ein Hypomochlion bildet und demnach letzteren bei seiner Tätigkeit in Mitleidenschaft zieht. Die namenlose Nebensehne des Trizeps ist, wie der Lacertus fibrosus des Bizeps, mit Hand und Fingermuskeln durch die dorsale und volare Unterarmfaszie verbunden. Aus diesen *psycho*-physiologisch-anatomischen Gegebenheiten der Beziehungen wird verständlich, daß von der Schulter-Oberarmaktion die Fingerkräfte in gedehnten, also gereizten Zustand versetzt werden.

Beim Oberarm dominieren im Gegensatz zum Oberschenkel die Einwärtsdreher. Der M. pectoralis major und der M. latissimus dorsi verhalten sich in Bezug auf die Einwärtsdrehung des Humerus (Hauptlängsachse durch das Zentrum des Humeruskopfes) synergistisch zueinander, in der Anteversion und Retroversion jedoch antagonistisch; beide Muskeln kommunizieren durch den Langer'schen Achselbogen; simultan innerviert wirken sie nach dem Gesetz des Kräfteparallelogramms.

Selbst von der *Speiche* her kann die Einwärtsdrehung des Oberarmes angefordert werden, zumal der M. biceps brachii die Komponente hat, den Oberarmt einwärts zu rotieren. Ein Auswärtsdreher des Oberarmes vonseiten des Unterarmes ist *nicht* vorhanden; ein Hinweis auf die Bedeutung der Einwärtsdrehung des Oberarmes.

Die entwicklungsgeschichtlich in den Rumpf zentripetal eingewanderten autochthonen Armmuskeln verhalten sich gegensätzlich zu den zentrifugal in die Oberextremität (am Schultergürtel inserierend) eingewanderten Rumpf und Kopfmuskeln. Aber auch unter sich selbst verhalten sie sich gegensätzlich zueinander. Die Schulterblatt*drehung* (Längsachse durch das Lig. coracoides) setzt, wie bereits ausgeführt, eine Gegensatzführung zwischen dem Großen Sägemuskel und dem Trapezmuskel voraus, und ebenso findet bei einer sachgemäßen Einwärtsdrehung des Oberarmes eine Gegensatzführung zwischen dem Großen Brustmuskel und dem Breitesten Rückenmuskel statt. Werden die beiden genannten Einwärtsdreher des Oberarmes gleichzeitig innerviert, so ziehen die Insertionssehnen des Pectoralis und Latissimus von der großen und kleinen Leiste des Oberarmes nach dem Gesetz des Kräfteparallelogramms gegen die Cavitas glenoidalis. Und nicht nur das, beide genannten Muskeln, die keine Ursprünge am Schulterblatt nehmen, haben in ihrem Funktionsbereich nicht nur das Schulterhöhen-Schlüsselbeingelenk, sondern auch das Schlüsselbein-Brustbeingelenk unter sich. Es wäre noch zu bemerken, daß auch in der Gegensatzführung zwischen Serratus und Trapezius ein synergistisches Moment enthalten ist, zumal die *Gesamtwirkung* des Trapezius das Schulterblatt im Schulterhöhen-Schlüsselbeingelenk in Drehrichtung bringt, wie es vom *Serratus* angefordert wird.

Bei festgestelltem sternalen Schlüsselbeingelenk läßt das Schulterhöhen-Schlüsselbeingelenk nur ein Pendeln des Schulterblattes zu, wobei der cleidoscapulare Winkel (zwischen Schultergräte und Schlüsselbein) verkleinert oder erweitert wird. Die genannten Einwärtsdreher des Oberarmes haben die Möglichkeit, von ihren Insertionen her das Schulterblatt zu drehen. Die Arme werden bei dieser Schulterblatt*drehung* (nicht Senkung) durch die gemeinsame Wirkung des antevertierenden Pectoralis und des retrovertierenden Latissimus *adduktiv* drehend gegen die Mittellinie des Rumpfes gezogen. Das Gewicht des Armes wird durch die gemeinsame Wirkung der eingewanderten Rumpf und Armmuskeln auf die Wirbelsäule übertragen; so wird der Deltamuskel entlastet. Erst mit dieser Gegebenheit ergibt sich die sinnreiche

Anlage der in Frage kommenden Muskeln, deren Verlauf und Anordnung.

Hermann Braus schreibt in Bezug auf den Deltamuskel: „Die Mechanik des Muskels ist durch die aufrechte Körperhaltung des Menschen vor eine Aufgabe gestellt, die nur in beschränktem Maße gelöst ist. Die meisten Bewegungen des Muskels müssen die Schwere des Gliedes überwinden."

Hierzu der korrektive Hinweis im Hinblick auf Schulterblattgriff und Oberarmhaltung. Die Faszie des Deltamuskels geht sowohl in die Faszie des Latissimus dorsi als auch in die Faszie des M. pectoralis major über. Der Deltamuskel mit seinen drei Portionen ist bei jeder Bewegung des Armes beteiligt; seine acromiale Partie hebt den Arm bis zur Horizontale; er wird verhältnismäßig schwach vom M. supraspinatus (Kapselspanner) unterstützt; insgesamt sichert der Deltamuskel das Oberarm-Schultergelenk.

Die Achselfalten verlaufen in divergierender Richtung gegen die Mittellinie des Rumpfes. Die Ursprünge der beiden Einwärtsdreher des Oberarmes werden in der Region der Hüfte und des Leibes bei ihrer Tätigkeit verspürt, vor allen Dingen im Zusammenhang mit der Schulterblattdrehung. Die Muskelplatten des M. obliquus abdominis internus, des M. transversus abdominis, ebenso des M. glutaeus maximus, die mit der Ursprungsaponeurose des Latissimus (Fascia lumbodorsalis, Rückenblendenbinde) verwoben sind, werden bei der Drehung des Schulterblattes und im Zusammenhang mit der Oberarmdrehung *empfindungsmäßig* stark in Mitleidenschaft gezogen, wie auch der M. obliquus abd. externus durch den Serratus.

Gegliederte Unterarmhaltung.

Die Einwärtsdrehung des Oberarmes ist mit einer besonderen Empfindungsanteilnahme des Ellenbogengelenkes vorzunehmen; der Oberarm ist nämlich bei seiner Einwärtsdrehung bestrebt, die *Elle,* welche vom Handgelenk an der Kleinfingerseite des Unterarmes bis zum Oberarm hin abzutasten ist, *mitzudrehen,* kann es aber nicht, weil das Scharniergelenk des Ellenbogengelenkes eine Drehung nicht zuläßt. Es kommt hier demnach nur zu einer *Hebelausschlagbewegung* des Unterarmes. Dieses Mitdrehenwollen ist am unteren Ende des Oberarmes in der Nähe des Ellenbogengelenkes verspürbar; so verfügen wir über eine Gelenksensibilität. Oberarm und Elle lösen in dieser Beziehung eine empfindungsmäßige Einheitlichkeit aus. Auf diesen Tatbestand ist während der Interpretation zu achten.

Am unteren Ende des Oberarmes (Ellenbogengelenknähe) sind zwei knöcherne Erhöhungen feststellbar; der zum Rumpf zugewendete Höcker ist prominenter als der äußere Oberarmknorren. Von hier drücken diese Knorren bei der Drehung des Oberarmes gegen die Elle, deren abtastbarer Ellenfortsatz (Olecranon) die Gelenkrolle (Trochlea) des Oberarmes umgreift. Der Oberarm kann auch vom *Unterarm* her *einwärts* gedreht werden; es ist der Bizeps, der diese Nebenwirkung in Bezug auf den Oberarm hat.

Der gegliederte Unterarm besteht aus zwei Knochen, der Elle und der Speiche; beide unterliegen einer voneinander getrennten Willens- und Empfindungsbeeinflussung durch die in Frage kommenden Muskelzugkräfte. Das Ellenbogengelenk läßt nur eine Beugung oder Streckung des Unterarmes zu. Die Oberarmdrehung veranlaßt, wie erwähnt, die Elle zu einem Hebelausschlag. Soweit in Bezug auf Oberarmhaltung und Elle.

Anders verhält es sich mit der Speiche; sie ist ein Drehknochen, der zur Hand gehört, denn jede Umwendebewegung der Hand in Ein- oder Auswärtsdrehung (Pro- oder Supination) ist in nervlich funktioneller Beziehung zwangsläufig an eine Speichendrehung gebunden. Obwohl Hand und Speiche in unmittelbarer zentralnervlich-funktioneller Beziehung zueinander stehen, gehören dennoch beide Glieder *verschiedenen* Empfindungsbereichen an, was in praktischer Hinsicht äußerst wichtig ist.

Schulterblattgriff, Oberarmhaltung und Elle stellen einen Teil des zusammenhängenden Beziehungsverhältnisses des gegliederten Gesamtarmes dar; diesem steht ein anderer Teil gegenüber,

nämlich Speiche, Hand, Daumen (als Gegenhand) und Finger. Wenn der erste Teil für eine Druckausübung auf den Gegenstand (Instrument) beansprucht wird, so haben die erwähnten Glieder des zweiten Teiles dem Druck gegenüber Ausweichmöglichkeiten, welche zu verhindern sind; *sie haben sozusagen den Druck vonseiten der Schulter und des Oberarmes aufzufangen;* sie beantworten, „be-greifen" gleichsam den Druck durch Gegendruck. Der physikalische Gegendruck des gedrückten **Gegen-standes** wird *psycho*-physiologisch verlebendigt, organisch verinnerlicht vorweggenommen!
Die Auffangseinstellung wird zunächst durch eine Fixierung der Speiche möglich, indem diese in Auswärtsdreh*strebung* und die Hand zugleich in Einwärtsdreh*strebung* gehalten wird. Im inneren Ellenbogenwinkel, von woher die *Auswärts*drehstrebung angefordert wird, entsteht die Empfindung des Aufgeschlossenseins, des Geöffnetseins.
Es handelt sich um eine komplexe Empfindung, die einer Auswärtsdreh*strebung* der Speiche, einer Einwärtsdrehstrebung des Oberarmes plus Beugung des Unterarmes; somit einer *Beugedrehung.* Die Intätigkeitsetzung des Bizeps erzeugt eine *Wringempfindung* (Einwärtsdrehung des Oberarmes und Auswärtsdreh*strebung* der Speiche). Ich unterstreiche den Empfindungsbegriff *Strebung,* weil die Speiche in ihrer Fixierung an ihrem unteren Ende (Handgelenknähe), im Gegensatz zu ihrem oberen Ende (Ellenbogengelenknähe) zugleich als Einwärtsdrehstrebung angefordert wird; *Gegensatzführung der Muskelzugkräfte.* Von dieser *psycho*-physiologisch-anatomischen Warte aus ist es bemerkenswert, daß die Speiche *nur* über Muskelindividuen verfügt, die mit ihrer Drehwirkung zugleich die Komponente haben, die Speiche zu beugen, während von der *Elle* her der Unterarm gebeugt und gestreckt werden kann. Demnach ist man imstande, gegen die Beugung des Unterarmes, die von Muskeln der *Speiche* hervorgerufen wird, von der Muskulatur der *Elle* her eine Streckstrebung auszulösen, eine *positive Hemmungsführung* zwecks einer elastisch-statischen Beherrschung. Es werden hierbei zwei verschiedene Skeletteile, Speiche und Elle des gegliederten Unter-

armes, gegeneinander ausgespielt und dabei die betreffenden Muskeln (Bizeps und Trizeps) in *Dehnungs*spannung versetzt. Auch im Bereich der gegliederten Finger wird eine solche Dehnungsspannung zwischen Streckern und Beugern durch eine besondere anatomische Anlage direkt vom Organismus vollzogen. Hierzu die Gegebenheit: der Lacertus fibrosus des Bizeps steht durch die volare Unterarmfaszie mit den Hand- und Fingerbeugern, der Trizeps mit seiner namenlosen Nebensehne durch die dorsale Faszie mit dem gemeinsamen Fingerstrecker in Beziehung. Siehe Fußnote.

Eine einfache Beugung der Hand löst eine gänzlich andere Empfindung aus, als wenn man gleichzeitig mit der Beugung der Hand die Streckung der Fingergrundglieder hinzunähme, wobei der Daumen passiv rückwärts bewegt wird; diese Rückwärtsbewegung wäre zu aktivieren; hierbei kommt zwangsläufig eine Anstraffung der randständigen Sehnen an beiden Unterarmseiten in Handgelenknähe zustande. Die Beugung der Hand, die mit einer gleichzeitigen Streckung der Fingergrundglieder vollzogen wird, löst eine positive *Hemmungsführung* aus, weil der gemeinsame Fingerstrecker eine verhältnismäßig starke Einwirkung auch auf die Handstreckung ausübt, ähnlich wie die langen Fingerbeuger eine Beugewirkung auf das gegliederte Handgelenk. Abschließend werden die Grundglieder der Finger, die bis zu ihrer Hälfte in der Hohlhand stecken und einen beweglichen Teil der gegliederten Handfläche bilden (Tastballenregion der Handfläche) schräg aufwärts zur Daumenseite des Unterarmes bewegt, wobei ebenfalls eine *zwangsläufige Fingerpronation* entsteht.

Demnach: beide Teile der gegliederten Oberextremität werden somit funktionell willens- und empfindungsmäßig erlebnisartig erfaßt. Ein schöpferischer Hinweis auf die Struktur des Organismus in seiner Veranlagung, die wir *psycho*-physiologisch-anatomisch, zwecks Auswertung eines solchen konstitutiven organischen Systems, aufzudecken haben. Im ersten Teil gelangt eine willentliche Einwärtsdrehhaltung, im zweiten Teil kommt eine solche der betreffenden Glieder zwangsläufig zustande. Der

Druck (Aus-druck) schließt eine Gegensatzführung psycho-organischer Kräfte ein. *Druck und Auffangdruck involvieren wesenhaft das Prinzip der dynamischen Gestaltung durch Gestalt!*
Die psycho-physiologisch-anatomischen Zusammenhänge ermöglichen eine *Ketteninnervation* durch Kompensierung gegensätzlich zueinander sich verhaltender Muskeln, wobei die *Längsachsen:* Diagonalachse des Unterarmes, Hauptlängsachse des Oberarmes und Längsachse des Schulterblattes willens- und empfindungsmäßig einbezogen werden.

Anmerkung.
Ich hatte diese Einstellung bereits in ganz jungen Jahren auf meinen Konzertreisen in Rußland festgestellt; nämlich je fester ich auf die Tastensohle drückte, umsomehr fühlte ich einen Gegenzug. Ich zerbrach mir schon damals darüber den Kopf, ohne aber diese Gegensatzführung der Kräfte erklären zu können.
Auch bereits im kindlichen Alter verspürte ich ein *gehemmt* beugendes Herannehmenwollen, wenn ich die Zügel des Pferdes beim Reiten oder beim Kutschieren anzog.

Hand- und Gegenhandeinstellung.
Die Hand würde dem Druck vonseiten der Schulterblatt- und Oberarmdrehung, ebenso dem des gegliederten Unterarmgriffes im Handgelenk nach der Kleinfingerseite des Unterarmes zu ausweichen. Diesem Ausweichen wird durch den beweglichen Mittelhandknochen des Daumens (Gegenhand) entgegen gewirkt und zwar in der Weise, daß dieser rückwärts gegen den Unterarm hin gezogen wird; die Hand gerät dabei in *Beugestellung*, während die Grundglieder der Finger gleichzeitig in Streckung übergehen. Die randständigen Sehnen am Unterarm (Handgelenkregion) straffen sich dabei unwillkürlich intensiv an; man könnte hier von einer fixierten Handgelenkspreizung sprechen. Von dieser Stellung her wird nunmehr die Hand *schräg aufwärts* nach der Daumenseite des Unterarmes hin *gehoben,* wobei zwangsläufig eine minimale Einwärtsdrehung der Hand im Handgelenk *selbst* zu-

stande kommt, Handpronation); gewissermaßen eine Aktion der Verselbständigung der Hand in Bezug auf die fixierte Speiche! Die Zugkraft dieser Handaufrichtung ist auf dem Handrücken dort zu lokalisieren, wo der abzutastende Mittelhandknochen des *Zeigefingers* an der Handwurzelregion beginnt. Es sind die sogenannten „Faustschlußhelfer", welche die Hand in dieser Richtung, gleichsam wie an einer Strippe ziehen, wobei die langen Fingerbeuger in einen Reizzustand geraten. Wenn man die Hand zur Faust ballt, ist die Anstraffung der Faustschlußhelfersehnen an der Basis des zweiten Mittelhandknochens auf dem Handrücken zu verspüren, die Ansatzsehnen dieser Muskeln quellen vor. Die Wirkung des Daumens (Gegenhand) in Bezug auf die Hand erzeugt empfindungsmäßig eine positive Hemmungsführung, das heißt eine *Dehnungs*spannung der in Frage kommenden Muskeln.

Psycho-physiologisch-anatomische Klarlegung.

Die Faustschlußhelfer (M. extensor carpi radialis longus und brevis) verlaufen, wie auch der Armspeichenmuskel (M. brachioradialis) durch einen „Muskeltunnel", der von den langen Daumenmuskeln (M. extensor pollicis brevis und M. abductor pollicis longus) gebildet wird. Die Faustschlußhelfer, wie auch der Brachioradialis haben eine verhältnismäßig starke Tendenz zu einer *Abhebung* von ihrer Unterlage; sie drücken folglich aufwärts gegen die genannten Daumenmuskeln und dehnen, reizen diese als Hypomochlion. Die anatomische Führung der Sehne des langen Daumenmuskels macht diesen zum Beuger der Hand, trotz seiner radial versorgten Nervenäste. Welch ein funktionell sinnbezogenes, koordiniertes Muskelspiel untereinander! Daumen (Gegenhand), Hand und Speiche einbeziehend. Der lange Kopf des Faustschlußhelfers hat außerdem die Komponennte, den Unterarm volar zu flexieren.

Notiz.

Bei extrem gebeugter Hand, wobei dieselbe der Unterarmfläche genähert worden ist, kann die Hand im Handgelenk von sich aus nicht mehr seitlich, weder nach der Kleinfingerseite, noch nach der Daumenseite des Unterarmes hin bewegt werden. Die Schrägstellung der Hand ist eine von der Hand selbst her veranlaßte Aktion. Die Hand bleibt sich selbsttragend, *sich selbst empfindend*.

Gegliederter Fingergriff.
Kommen wir nun zu den Fingern selbst. Wenn diese gegen einen Widerstand *seitwärts*, auf Grund der Schulterblatt- und Oberarmdrehung bewegt werden, so können sie in ihren Grundgelenken wackelig ausweichen. Hier ist es erforderlich, die Finger in *Aufwärtsrichtung* gegen die Daumenseite des Unterarmes zu heben, wobei *zwangsläufig* eine sogenannte *Fingerpronation* zustande kommt. Der Finger erhält dadurch eine gesicherte Stellung. Die randständigen Sehnen am Unterarm (Handgelenkregion) werden dabei unwillkürlich intensiv gestrafft, sie „blähen" sich förmlich auf.
Die Schrägstellung der Finger ist eine von den Fingern selbst vorgenommene Haltung.
Die Tendenz, die Finger nach der Daumenseite zu richten, wird durch das Übergewicht eines Muskelzuges gegeben. Siehe hierzu „psycho-physiologisch-anatomische Klarstellung".
Nunmehr zu den *Dehnungs*spannungen der Fingermuskeln untereinander. Die Sehnen des gemeinsamen Fingerstreckers verlaufen über dem Handrücken *bis zum Nagelglied*. Am Knöchel jedoch auf dem Handrücken bildet dieser Strecker zwei Sehnenzipfel, die zur Hohlhand hin verlaufen, so daß der Finger *von der Hohlhand her gehoben*, das heißt gestreckt wird!, *denn die Fingergrundglieder stecken bis zu ihrer Hälfte in der Hohlhand*, wo die kleinen Finger*beuger* mit den Sehnenzipfeln des genannten Streckers verlötet sind. Somit hängen Beuger und Strecker (Muskelspieler und Gegenspieler) unmittelbar zusammen und es ist dadurch die Möglichkeit gegeben zu einer *willens- und empfindungsmäßigen Gegensatzführung der Muskelkräfte zwecks ge-*

genseitiger Dehnungsspannung; das sind positive Hemmungsvorgänge.

Mit der Streckung der Fingergrundglieder erschöpft sich die Wirksamkeit des gemeinsamen Fingerstreckers (er wird insuffizient) und da die kurzen, in der Hohlhand eingebetteten Finger*beuger*, die sich sehnig auf dem *Rücken der Fingergrundglieder* verflechten, die Sehne des gemeinsamen Fingerstreckers anziehen, die, wie erwähnt, bis zum Nagelglied hin verläuft, so bewirken sie als *Beuger* der Fingergrundglieder *zugleich* die *Streckung* der beiden Finger*end*glieder (Mittelfingerglied und Nagelglied).

Vom *Rücken* des Fingergrundgliedes wird die *Beugung* dieses Gliedes angefordert zu einer Beugung, die vom gemeinsamen Fingerstrecker einen Widerstand, eine Hemmung, erfährt, wodurch die Sehne dieses Fingerstreckers von den *Beugern* angezogen wird; als Folge geraten die beiden Finger*end*glieder in Strekkung.

Die beiden Finger*end*glieder werden von den langen Fingerbeugern gebeugt, *hier also Beuger gegen Beuger!*

Da sämtliche lange Fingermuskeln die Tendenz haben, die Hand nach der Kleinfingerseite des Unterarmes zu ziehen, steht diesem Zug der Daumen (Gegenhand) mit seiner Spreizempfindung entgegen; wir erhaltten somit im Bereich der Handwurzelregion ein *Dehnungskreuz in Längs- und Querrichtung.*

Da die in der Hohlhand eingebetteten kurzen Finger außerdem die Tendenz haben, die Finger zu *spreizen*, während die langen Fingerbeuger die Finger zueinander ziehen, so kommt auch in der gegliederten Handfläche (Tastballenregion) empfindungsmäßig eine Dehnungsspannung in Querrichtung zustande.

Hand- und Gegenhandeinstellung, verbunden mit dem Impuls zur Fingerspreizung in der Hohlhand (Tastballenregion) und weiterhin im Zusammenhang mit der schräg seitlichen Aufrichtung der Finger, erzeugt einen gesteigerten Sehnenzug an beiden randständigen Seiten in Handgelenknähe.

Die Streckung der Fingergrundglieder von der *Hohlhand* her und die Streckung der beiden Finger*end*glieder durch ein *gehemmtes* Beugen der Fingergrundglieder vom *Rücken* derselben mit gleichzeitigem gehemmtem Beugen der beiden Finger*end*glieder, erzeugt eine willens- und empfindungsmäßige *explosive-* dynamische Dehnungsspannung, eine *Gegensatzführung* sämtlicher Fingermuskeln untereinander, die den Druck von der Schulterblatt- und Armdrehung auffangen und ihm entgegenwirken; ein be-griffener Druck.

Psycho-physiologisch-anatomische Klarlegung
Die Dorsalaponeurose der Finger erschließt die Möglichkeit, simultan *sämtliche* Fingermuskeln (Agonisten und Antagonisten) zwecks *gegenseitiger Dehnung* zu innervieren; es kommt ein zu empfindendes dynamisches *Dehnungsnetz* zustande, das zu einer erhöhten Vibration (Tonus) führt. Diese Sehnenmembran beschreibt Hermann Braus wie folgt: „Die Sehnen der langen Fingerstrecker breiten sich an der Rückseite eines jeden Finger aponeurotisch aus, welche wie ein dünnes Tuch über die drei Phalangen gebreitet ist, Dorsalaponeurose. Die Basis ist besonders breit und hängt mit je zwei Zipfel zu beiden Seiten der Grundphalanx nach der Hohlhand zu über. In diese Zipfel gehen die Sehnen der Interrossei und Lumbricales über. Die Dorsalaponeurose sind befestigt an den Basen der Mittel- und Endphalangen" (Erster Band „Anatomie des Menschen", Seite 433).
Eine radial gerichtete Dorsalflexion der Finger hat zwangsläufig eine Fingerpronation zur Folge (Henke'sche Schrägachse); das gleiche gilt für den Daumen, die Gegenhand der Hand, und für die Hand selbst.
Die Bewegung der Finger nach der Radialseite hin ist hinsichtlich der Muskelzugkräfte bevorzugt. Das geht aus dem Wirkungsbild der Muskelanlage selbst hervor. Am Radialzipfel der Dorsalaponeurose der Finger, an der Grundphalanx des Zeigefingers, setzen der M. interosseus externus I und der M. lumbricales I an, an der ulnaren Seite allein der M. interosseus internus; am Grundglied des Mittelfingers befindet sich radial der M. interosseus externus 2 und der M. lumbricales 2, ulnar allein der M. interosseus ext. 3 usw.

Über das funktionelle Verhältnis zwischen Hand und Daumen siehe das Duchenn'sche Phänomen.
Am M. flexor dig. profundus haben die Mm. lumbricales ihren transportablen Ursprung. Beide langen Fingerbeuger nehmen durch die Bifurcatio des M. flex. dig. sublimis Kontakt miteinander.

Notiz.

Bei maximal gekrümmten Grundgliedern der Finger ist eine Spreizung derselben naturbedingt nicht ausführbar.

Der Wesenskern koordinierter Beziehungsverhältnisse.

Da die Schulterblätter in eine andere Lage zu bringen sind (Parallelstellung derselben), entfernen sich hierbei die unteren Schulterblattspitzen voneinander, was mit der Kontrollhand leicht abtastbar ist. *Die Zugkraft zur Drehung der Schulterblätter wäre hier anzusetzen*, die Schulterhöhen „umlaufen" dabei die Schlüsselbeinenden; die Schlüsselbeine werden *nicht* vorbewegt, vielmehr zurück*strebend* (nicht bewegend) gehalten. Der dabei mitgenommene Arm würde jedoch, wenn er gegen einen Widerstand bewegt wird, ausweichen (das Kugelgelenk des Schulterblatt-Oberarmgelenkes läßt diese Ausweichung zu) und zwar gegen die *Einwärtsdrehung* des Schulterblattes, also in *Auswärtsdrehung*. Diese Ausweichmöglichkeit gilt es demnach zu verhindern, indem die *Einwärtsdrehung* des Armes wachgehalten und indem von beiden *Achselfalten* her gegen die Schulterblattaktion gewirkt wird; von den Achselfalten deswegen, weil in ihnen die Muskelstränge verlaufen, welche die Einwärtsdrehung des Oberarmes bewirken.

Erst durch diese *Gegenaktionen* kommt eine *psycho*-funktionelle *Vereinheitlichung* von Schulterblatt und Oberarm zustande. Die Achselfalten, die zum Oberarm hin verlaufen, stellen empfindungsmäßig ein fleischliches Vermittlungsgebilde zwischen Schulterblatt und Oberarm dar, das als solches empfindungsmäßig *für sich* erfaßbar ist. Beziehungssetzung ist der wesentliche Faktor im Aufbau des Könnens auf dem Gebiet *psycho*-physiologisch-anatomischer Auseinandersetzungen.

Man stelle den Empfindungsunterschied fest zwischen einer alleinigen Schulterblattdrehung und einer hinzugenommenen Einwärtsdrehung des Oberarmes von seiten der Achselfalten. Verläuft die erste Aktion mehr oder weniger „leerlaufend", so entsteht bei der zweiten Aktion durch die *Gegensatzführung* der in Frage kommenden Muskelzugkräfte eine intensive Anteilnahme des Rumpfes; die Muskelzugkräfte nehmen Kontakt miteinander und dehnen sich gegenseitig zu einer *gemeinsamen* Arbeit. Diese Arbeit besteht darin, durch *Gegensatzführung* der Muskelzugkräfte, das Gewicht des Armes und zusätzlich das Gewicht des Brustkorbes auf die Wirbelsäule zu übertragen. Also eine *psycho*-organische Einstellung, die nicht nur für Instrumentalisten, sondern ebenso für Vokalisten und Bläser von *entscheidender* Bedeutung ist.

Die Drehung des Schulterblattes mitsamt der des Oberarmes ist *seitwärts* gegen die Medianebene (Mittellinie des Rumpfes) gerichtet.

Diese Tendenz zur *Seitwärtsrichtung* wird auf den in Frage kommenden Gegenstand (Instrument) *druckausübend* übertragen, jedoch unter bestimmten Voraussetzungen: nämlich Schlüsselbein, Schulterblatt, Oberarm und Elle hängen funktionell *psycho*-physiologisch-anatomisch zusammen; dieser gegliederte Teil steht einem anderen gegliederten Teil, nämlich den Fingern, der Hand, Gegenhand (Daumen) und der Speiche gegenüber. Schulterblattdrehung und Fingerhand-Einstellung treten in Fernbeziehung zueinander, *wenn diese zwei gegliederten Teile willens- und empfindungsmäßig sachlich* erfaßt werden, d. h. Speiche und Elle, die als Unterarm gelenkig zusammenhängen, sind derart funktionell zu erleben, daß es möglich wird, die Schulterblatt-Oberarmdrehung auf den Gegenstand als Kraftquelle auszunützen; hierbei erfährt, nebenbei bemerkt, die labile Elle eine besondere Sicherung im Ellenbogengelenk, die u. a. auch darin besteht, daß die Knorpelsubstanz im Ellenbogengelenk zusammengedrückt wird, um Wackelungen der Elle zu verhindern.

Diese Übertragung der Schulterblatt-Oberarmdrehaktion kann erst gesichert vonstatten gehen, wenn in der *Region des Ellenbogengelenkes drei* Empfindungen wachgerufen werden. Man schrecke nicht vor dem Komplex von Empfindungen zurück, die mit einigem Training leicht auseinanderzuhalten sind; und da sie in Bezug auf die Beherrschung des Armes ein Wollustgefühl

auslösen, so wird das Training zu einem, ich möchte fast sagen süchtigem Bedürfnis, weil es eine seelisch-organische Selbstvervollkommnung beinhaltet.
Erstens ist in der Region des Ellenbogengelenkes eine *Einwärtsdrehung* des *Oberarmes* wachzurufen, wobei die *Elle* zwangsläufig eine Hebelausschlagbewegung macht; das Scharniergelenk läßt eine Ausweichung nicht zu. Zu beachten ist, daß die Einwärtsdrehung des Oberarmes aus der Ellenbogengelenkregion veranlaßt wird und *nicht* zu verwechseln ist mit der Intätigkeitsetzung der Achselfalten, von denen her die Einwärtsdrehung des Oberarmes zur Schulterblattdrehung in Beziehung steht.
Zweitens ist in der Ellenbogengelenkregion eine *Auswärtsdrehstrebung* (Supinationsstrebung) der Speiche wachzurufen. Beide Strebungen lösen eine *Wringempfindung* aus. Der Hebelausschlag der *Elle* bei der Einwärtsdrehhaltung des Oberarmes (in der Region des Ellenbogengelenkes vorgenommen) ist *konstant* wachzuhalten, auch wenn die Speiche in derselben Region in Auswärtsdrehstrebung gebracht wird.
Drittens ist im inneren Ellenbogenwinkel (ebenso im Bereich der Region des Ellenbogengelenkes) eine Beuge*strebung* des Unterarmes wachzurufen, die keineswegs mit einer Beuge*bewegung* des Unterarmes zu verwechseln ist. Die Beuge*strebung* ist mit einem *Gegenzug* zu verbinden. Gegensatzführung von Muskelzugkräften; Selbstsetzung des Widerstandes. Durch die Beugekomponente von seiten der *Speiche* und die *Gegenwirkung* von seiten der *Elle* erhält der Hebelausschlag der Elle durch die Einwärtsdrehhaltung des Oberarmes seine stabile, statische und dynamische Beherrschung.
Fußnote: es ist die strickförmige Sehne des Bizeps (im Ellenbeugewinkel palpierbar), der an den drei gekennzeichneten Aktionen beteiligt ist. Der M. brachialis beugt den Unterarm von der *Elle* her.
Soweit die Empfindungsauslösungen am *oberen* Ende der Speiche (Region des Ellenbogengelenkes). Am *unteren* Ende der Speiche (Handgelenknähe) ist eine Einwärtsdreh*strebung* wachzurufen, wobei dortselbst ein *Niederdruck* empfunden werden soll, wel-

cher die Hand gewissermaßen in Schwebelage versetzt. *Auch von hier aus ist eine Beuge*strebung *des Unterarmes in der Ellenbogengelenkregion zu verspüren.*
Die Speiche wird durch die gekennzeichneten Drehstrebungen fixiert, ein Vorhaben, das zwei verschiedene Empfindungsregionen, Ellenbogengelenk und Handgelenk, einschließt. Speiche und Hand sind vom Organismus nervlich miteinander gekoppelt. *Mit der fixierten Speiche wird nunmehr die Elle seitwärts gegen die Speiche gezogen; die Hand wird von der Elle her erfaßt.*
Erst bei einer solchen Fixierung der Speiche ist ein starker Muskel (quadratischer Einwärtsdreher, der Speiche und Elle verbindet) in der Lage, die *Elle* seitwärts gegen die Speiche zu ziehen und sie in direkte Beziehung zur Hand zu bringen. Die Speiche wird in diesem Fall nicht „leerlaufend" gedreht, vielmehr wird ihr Radius zugkräftig erfaßt.
Der erwähnte Quadratische Einwärtsdreher nimmt ein Viertel des Unterarmes (ab Handgelenk) ein. *Dieser* untere Teil des Unterarmes ist gleichsam *verselbständigt* zu empfinden; es handelt sich eben um ein Vermittlungsgebilde zwischen Schulterblatt und Hand. Bei einer solchen willens- und empfindungsmäßigen Einstellung kann die jeweilige Kontrollhand eine Anstraffung von Sehnenzügen an der Unterfläche des Unterarmes feststellen, eine Anteilnahme, die sich bis zur Schulter hin erstreckt.
Fußnote: Die Pronations*bewegung* der Speiche enthält Kräftekomponenten, die nach zwei Richtungen hin wirken, nämlich eine Tendenz nach abwärts (die Elle maximal überquerend), die andere nach seitwärts. *Bei der Fixierung der Speiche* sind eben beide Strebungen willens- und empfindungsmäßig zu erfassen.
Elle und Speiche sind naturgemäß als Unterarm zusammengefaßt: Koppelung der beiden gegliederten Teile der Extremität, die *psycho*-physiologisch-anatomisch funktionell auf das engste zusammenhängen. Bei der Fixierung der Speiche kann der Oberarm gemeinsam mit der Elle (unter Bezugnahme einer Einwärtsdrehung des Schulterblattes) in Drehrichtung um die Speiche beansprucht werden.

Anatomische Klarstellungen.

Bei der Drehung des Schulterblattes wird der cleidoscapulare Winkel (Winkel zwischen Schultergräte und Schlüsselbein erweitert. Die Einwärtsdrehung des Oberarmes um dessen Hauptlängsachse wirkt dagegen; Gegensatzführung der betreffenden Muskelzugkräfte.

Die Zusammendrückbarkeit des 4mm starken Knorpelbelages des gegliederten Ellenbogengelenkes verursacht am distalen Ende der Elle einen Bewegungsausschlag von zwei Zentimetern; das Ellenbogengelenk wurde früher als Schraubengelenk bezeichnet. Bei gleichzeitiger Innervation des Bizeps und Brachioradialis findet nicht nur eine Fixierung der Speiche statt, sondern auch deren Komponente, den Unterarm von der Speiche her zu beugen (Volarflexion), gelangt zur Auswirkung. Die Muskeln, welche die Speiche in Bezug auf die Diagonalachse bedienen, verfügen nur über die Komponente zur Beugung des Unterarmes. Der Beugekomponente der Speichenmuskulatur steht die Strekkung der betreffenden Muskeln der Elle, also Muskeln des benachbarten Knochens, entgegen wiederum Selbstsetzung des Widerstandes.

Der Brachioradialis überträgt vom distalen Ende der Speiche das Gewicht derselben und das der Hand auf den Oberarm; der Quadratus hat dafür keine Möglichkeit. Daß der Brachioradialis bis zu zwanzig Grad supiniert, hat m. E. tiefere Bedeutung; er übernimmt gewissermaßen eine „Wächterrolle", nämlich er kennzeichnet eine Lage, von der aus der quadratische Pronator bei fixierter Speiche seine Zugkraft auf die Elle ausübt. Nur bei fixierter Speiche durch Bizeps und Brachioradialis ist der M. pronator quadratus in der Lage, die Elle zugkräftig zu erfassen; sonst wirkt er allein als Pronator. Die Gegebenheit, daß der Quadratus sich um die Elle wickelt, wird somit *psycho*-physiologisch-anatomisch verständlich. Ebenso verständlich wird, daß Speiche und Elle als gegliederter Unterarm zusammengefaßt sind, weiterhin, daß u. a. die Insertionssehne des Brachioradialis am Epicondylus radii auf die Insertionssehne des M. abductor

pollicis longus hinweist und daß der lange Fingerbeuger (M. flexor dig. profundus) auf dem Quadratus liegt.
Bemerkenswert für die Assoziation der in Frage kommenden Muskelzugkräfte ist u. a., daß der Bizeps mittels seiner Nebensehne (Lacertus fibrosus) in der Lage ist, die Volarflexoren von Hand und Fingern zu reizen, während der Trizeps nebst Ankonaeus durch ihre unbenannten Sehnenzüge die Dorsalflexoren dehnen. Ebenso bemerkenswert, daß der Brachioradialis bei seiner Tätigkeit sich von der Unterlage erheblich abhebt und dadurch für die langen Daumen-Gegenhandmuskeln, die ihn überbrücken, ein Hypomochlion bildet und sie reizt.
Die Richtung des Hebelausschlages der Elle hängt von der Dreheinstellung des Oberarmes ab. Bei Beanspruchung der *Hauptlängsachse* des Oberarmes erfährt die Hand, zum Unterschied von der Beanspruchung der *Schaftachse*, eine Tendenz zur minimalen Einwärtsdrehung von seiten der Elle. Die Beanspruchung der Schaftachse, wobei der Ellenbogen eine Schaukelbewegung macht, löst empfindungsmäßig eine „Leerlaufdrehung" aus, während bei Beanspruchung der Hauptlängsachse eine Schulterblattanteilnahme verspürt wird.
Die Elle kann nicht gedreht werden, jedoch kann der Oberarm durch den Zug des Quadratus bei fixierter Speiche auch von hier aus zur Drehung des Oberarmes beitragen; Bizeps und Quadratus unterhalten somit Beziehungen zueinander.

Anmerkung.
Die „erdliche" Elle wird vom drehenden Oberarm um die fixierte Speiche, um die „Sonne-Hand" dirigiert ... kosmo-logische Anatomie, ein Begriff, den ich bereits im Jahre 1927 in einem psycho-soziologischen Kongreß unter dem Vorsitz vom Physiologen Charles Richet an der Sorbonne prägte.

Finger- und Handeinstellung.

Die Finger haben eine andere Aufgabe zu erfüllen, wenn sie nicht mehr primär als druckausübende Organe in Anspruch genommen werden. Bei einer Umwertung der Spieleinstellung sind sie nicht mehr dazu bestimmt, den Druck auf den in Frage kommenden Gegenstand (Instrument) auszuüben, sondern Tastorgan zu sein und den Druck von Arm und Schulter *aufzufangen,*
Da der Druck auf den Gegenstand durch Anteilnahme von Unterarm, Oberarm und Schulter in einer bestimmten *Drehhaltung* durch Vermittlung der Finger übertragen wird, so erhalten die Finger eine ganz andere Mission und stehen *unausgesetzt* mit Arm und Schulter in Empfindungsbeziehung. Die Fingerhand, ein Mikrokosmos im Makrokosmos der gegliederten Oberextremität, die im Rumpf direkt bis zum Becken hin verankert, verwurzelt ist. Das bedeutet eine gänzliche Umstellung (Umschulung) der Fingereinstellung, die zum beglückenden Erlebnis für den Gestaltenden führt. Der Einheitlichkeit des Werkes, wie sie der Komponist mit seinem inneren geistigen Ohr erlebt, wird durch die Erlebnissphäre des Interpretierenden Rechnung getragen.
Es handelt sich um die *psycho*-anatomische Grundlage für eine schöpferische *dynamische* Haltung. Die Inanspruchnahme des gesamten gegliederten Muskel-Bewegungsapparates ist Voraussetzung dafür, Mensch und Kunst in engere Beziehung zueinander zu setzen: *musische Pädagogik.* Der Roman unseres Körpers. Die gegliederte Übung zwischen Hand *und* Fingeraufrichtung ist in vier Vorgängen zu vollziehen. Bei gehobenem Unterarm fällt die Hand lässig nach der Kleinfingerseite des Unterarmes herab (Hand-Unterarmwinkel). Die „Faustschlußhelfer" heben die Hand *schräg aufwärts,* wobei ihre Sehnen sich an der Basis des Mittelhandknochens des Zeigefingers auf dem Handrücken desselben anstraffen.

Bei dieser *schrägen Aufrichtung* der Hand (Henke'sche Schrägachse) wird dieselbe *zwangläufig* im Handgelenk selbst *einwärtsdrehend* eingeschraubt empfunden; eine wichtige Gegebenheit für die Beherrschung der Finger. Wenn man eine Faust macht, kann die Sehnenanstraffung der Faustschlußhelfer deutlich palpiert werden. Durch den Seitwärtszug von Schulter und Oberarm würde die Hand ausweichen, die Faustschlußhelfer wirken dagegen.

Der *zweite* Vorgang besteht darin, daß man die Fingergrundglieder von der *Hohlhandfläche* her, ebenfalls *schräg aufwärts streckt* (hebt), ohne die Haltung der Faustschlußhelfer aufzugeben. Es kommt bei allen diesen Übungen auf das *Halten der Haltung* an! In der Hohlhandfläche setzt sich der Teil, der von den Fingergrundgliedern gebildet wird (Stumpenfingerhand), vom anderen Teil der Handfläche ab (Handflächenwinkel). Bei Streckung der Finger*grund*glieder wird dieser Winkel ausgeglichen. Durch diese erwähnte *schräge* Streckung, Aufrichtung der Finger*grund*glieder, kommt auch hier eine *zwangsläufige Einwärtsdrehung* derselben (Fingerpronation) zustande und gibt den Fingern Sicherheit.

Als *dritter* Vorgang sind die Fingergrundglieder, die teilweise in der Hohlhand eingebettet liegen, in *Spreizung* zu versetzen, ohne eine Spreiz*bewegung* zu machen.

Als *vierter* Vorgang kommt die Abspreizung des Daumens (Gegenhand) hinzu, der die Tendenz hat, die Hand beugend *seitwärts* zu ziehen, wobei auch hier zwangsläufig eine Daumen*pronation* zustande kommt.

Erst durch diese Empfindungshaltung der Hand, in Zusammenhang mit der Streck-Spreizhaltung der Finger*grund*glieder und der Abspreizung des Daumens (Gegenhand) können nunmehr die übrigen Fingerglieder, die *gleichzeitig* in Streck- und Beugerichtung willens- und empfindungsmäßig in *Dehnungs*spannung versetzt werden, ihrer Aufgabe gerecht werden. Bei den gekennzeichneten vier Vorgängen ist eine sich *steigernde* Inanspruchnahme der randständigen Sehnen am unteren Ende des Unterarmes festzustellen.

Das Nagelglied kann in seinen Bewegungen trainiert werden. Das Muskelfleisch der Finger befindet sich in der Hohlhandfläche und am Unterarm; die aus dem Schoß der Handfläche herausragenden Finger sind fleischlos. Die zwei Fingerendglieder (Mittelfinger- und Nagelglied) werden durch einen *Beuge*impuls des Finger*grund*gliedes gestreckt. Der Streckung wirken die langen Fingerbeuger, deren Fleisch sich am Unterarm befindet, entgegen. *Sämtliche* Finger stehen untereinander in einem *Dehnungs*verhältnis; die offene Hand in Längs- und Querrichtung dynamisch ausdrucksgeladen!

Die Tasten werden mit dem gleichzeitigen Beuge- und Streckimpuls *dehnungsspannend* gegriffen, nicht angeschlagen. Kein Hämmerchenspiel mehr. *Das Non-legato-Spiel-Geklimper hört damit auf!* Durch die *gleichzeitige* Beuge-Streckstrebehaltung der Finger kommt eine elastisch-statische *Fixierung* derselben zustande.

Die sensible Haut der Unterfläche des ganzen Nagelgliedes steht in dauernder Empfindungsbeziehung zur Tastfläche, beziehungsweise zur Tastensohle und zwar in *Seitwärtsrichtung*, weil der druckausübende Arm und die Schulter in Einwärtsdrehung *seitwärts* gerichtet sind; ebenso sind die Faustschlußhelfer, die Abspreizung des Daumens und auch die Einschraubung der Fingergrundglieder seitwärts gerichtet.

Der Ton wird modelliert; Druck und Gegendruck bedingen einander. Durch *Gegensatzführung* zwischen Beugern und Streckern und letztlich zwischen der Fingerhand und des gesamten Armes wird das physikalische Verhältnis von Druck und Gegendruck auf der seelisch-körperlichen Ebene verlebendigt, vorweggenommen und verinnerlicht. Es handelt sich um ein bildhauerisches Spiel, um ein Kontinuum des Ausdrucksvermögens.

Die Finger sind nicht mehr zu Hämmerchen degradiert, sie werden entwicklungsgeschichtlich zu Aufnahmeorganen gewandelt; die Hämmerchenmechanik fällt nunmehr fort. Grundfingerglied, Mittel- und Nagelglied reizen sich in der Hohlhandfläche zu dynamischer *Dehnungs*spannung, um den Druck von seiten des

Armes und der Schulter, rückstrahlend (retrovertiert und introvertiert) auffangend, entgegenzunehmen.

Ich fasse abschließend Wesentliches in Bezug auf Hand- und Fingerhaltung zusammen. Da die Fingergrundglieder bis zu ihrer Hälfte im beweglichen Teil der Handfläche stecken, die Streckung und Spreizung dieser Grundglieder *hierselbst* vorzunehmen und wachzuhalten ist, so ergibt sich aus alldem, daß der gegliederten *Stumpenfingerhand* eine ganz besondere Aufmerksamkeit zuzuwenden ist, als ob diese bewegliche Handfläche über den Gegenstand gleitet. Bildlich gedacht, eine Schlange, die mit ihren beweglichen Rippen gleitet.

Die *gleichzeitig* in Streck- und Beugung empfundenen Fingerglieder bedeuten eine Fixierung derselben. Die fixierten Finger, das fixierte Handgelenk fangen den Druck von seiten von Arm und Schulter auf. Die gegliederte Handfläche wird dynamisch, explosiv empfunden, eine Gegebenheit per ogni tempo!

Die „Einschraubung" der Hand im Handgelenk darf nicht verloren gehen, wenn die Hand nach der Kleinfingerseite des Unterarmes bewegt wird; eine solche Bewegung der Hand muß auf dem Niveau bleiben, das sie bei ihrer schrägen Aufrichtung einnimmt; so kommt die Sicherheit von Hand und Finger zustande. Da die zwei langen Fingerbeuger, welche das Mittel- und Nagelglied beugen, die Nebenwirkung haben, die Finger aneinanderzulegen, verhalten sie sich *gegensätzlich* zum Spreizimpuls der Fingergrundglieder in der Hohlhandfläche. Die Finger greifen unmittelbar die getasteten Tasten; grundsätzlich greift der ganze Arm. Die Haltungen sind zu halten!

Da die Mittelfinger- und Nagelglieder durch *Beuger* (Mm. lumbricales durch Vermittlung der Dorsalaponeurose) gestreckt werden, deren Streckung die beiden langen Finger*beuger* (M. flex. dig. sublimes et profundus) entgegenwirken, so dominiert demnach der *Beugegriff!* Es findet insofern kein *nacheinander* von Streck- und Beugebewegung statt, sondern es bleibt *allein* der *Beugegriff* in der Empfindung; die Finger heben sich durch die *Beuge*streckung von allein. Erst mit der gekennzeichneten Finger-Handeinstellung kann dem Schulterblatt-Oberarmgriff Rechnung getragen werden.

Durch die *Haltung* der Faustschlußhelfer werden auf nervöser- und anatomischer Grundlage die Fingerbeuger, wie auch der Daumen (Gegenhand) gereizt, so, daß mit der Streckhaltung der Fingergrundglieder eine dynamische *Gegensatzführung*, eine Dehnungsspannung der betreffenden Muskeln zustande kommt.

Überschau und Arbeitsrichtung.

Da die Schulterblattdrehung mitsamt der Oberarmeinstellung den Gesamtarm verlagert, ihn gegen die Mittellinie des Rumpfes zieht, da der Drehbeugegriff ebenso seitlich gerichtet ist, der Fingergriff die Tastensohle seitwärts greift, so wird der in Frage kommende Gegenstand (Instrument) von beiden Armen her „eingeklammert" gehalten! Es ist das Strombett, dem alle Bewegungen zugrunde liegen, ganz gleich ob der Fluß schmal oder frühlingsbreit dahinflutet, die Ufer bleiben eingeklammert und der Druck auf das Flußbett gibt ihm die Ruhe in der Bewegung.
Wieso hat man im allgemeinen Angst vor einem Widerstand? Trägt nicht das Wasser den Fisch, die Luft den Vogel, der Äther das Licht? Mit der *Selbstsetzung des Widerstandes* stimmt sich der Mensch für die Harmonie der Schöpfung.
Kein dilettantisches Herumfuchteln von Hand, Fingern, Speiche und Ellenbogen mehr! Sämtliche Tasten werden seitwärts gegriffen. Die Seitwärtsstütze an der Tastensohle bleibt konstant. Gesetz und Freiheit sind unzertrennliche Zwillingsgeschwister; erst die gesetzmäßige Erlebniserfassung der Gegebenheiten gibt dem Ausdruckswillen seine Persönlichkeitssouveränität. Durch Gegensatzführung der Muskelzugkräfte kommt eine *Dehnungs*spannung der in Frage kommenden Muskeln zustande, was mit einer dynamischen Steigerung des Ausdrucks einhergeht.
Erst die Möglichkeit, daß der jeweilige *Druck* charaktergemäß dem Aus-*druck* entspricht, daß man ihm je nach dem seelischen Bedürfnis dynamisch qualifiziert, sein Bleiben oder Eilen bestimmt, ist ein Vorgang, der Befriedigung beinhaltet.
Ich gebe den Rat, weniger am Instrument zu üben, vielmehr sich zuvor in sein eigenes Instrument, in seinen gegliederten Muskel-Bewegungsapparat vorstellungs- und empfindungsmäßig zu vertiefen, ihn in seiner schöpferischen Bestimmung zu stimmen: *schweigsames* Üben, schweigsames Fühlen und Empfinden im

Erleben einer seelisch-organologischen Ganzeinheitlichkeit. Die gekennzeichneten Gliedereinstellungen sollten auch beim Spazierengehen gedanklich-anschaulich trainiert werden, die in Frage kommenden Körperglieder in Augenschein genommen und der geistigen Region, in der das Empfindungsleben durch das Gefühlsleben überkrönt wird, *vorstellungsmäßig* erlebt werden; eine Ebene wird dabei auf die nächst höhere Seinsebene gehoben. Um das Muskelfleisch von Hand, Unterarm und Oberarm nicht in einem verkrampften, beziehungsweise in einem sachlich unzutreffenden Empfindungszustand zu halten, wäre folgende Übung vorzunehmen: man hebe den Arm und stelle sich vor, daß er auf einen Gegenstand abgestützt wird. Hierbei verspürt man, wie das betreffende Muskelfleisch, trotzdem es den Arm trägt, in sich eine „Loslaßempfindung" auslöst. Der Arm wird in diesem Fall nicht mehr in *Aufwärtsrichtung*, also nicht mit einer *Bewegungsrichtung* getragen. Das Muskelfleisch verhält sich bei sachgemäßer Einstellung nicht zusammenziehend (kontraktil), also nicht mehr im *Bewegungszustand*, sondern *flacht sich zum Knochen hin ab*. Das Muskelfleisch gelangt in jenen *Dehnungszustand*, der mit der *Tragearbeit*, nicht aber mit dem *Bewegungsvollzug* in Zusammenhang steht; eine Unterscheidung, die ich in Beziehung zum menschlichen Skelettmuskel erstmalig in meinen psycho-physiologisch-anatomischen Forschungen theoretisch und praktisch durchgeführt habe. Beim gedanklich abgestützten Arm wird das Gewicht des Armes empfindungsbewußt; ein Zug nach abwärts, der von der Erdanziehung verursacht wird, reizt und dehnt die betreffenden Muskeln.

Man ziehe beispielsweise an einem Tau, das zu gleicher Zeit in entgegengesetzter Richtung gezogen wird. Einmal projizieren wir in das Muskelfleisch die Vorstellung und den Impuls hinein, daß die Zugkraft sich durch alleiniges *Verdickenwollen* der Muskulatur auswirkt, das andere mal aber so, daß wir trotz des Ziehens am Tau uns von demselben *gleichzeitig* ziehen lassen und uns auch dem *Gegenzug* hingeben. Die Qualität der Gefühls-Empfindung wird beide Male völlig verschieden sein. Zieht man mit einem Verdickenwollen der Muskeln, so löst dies eine Empfindung von Anspannung aus, die schwerfällt und schnell ermüdet; zudem ist dies von einem Gefühl des Unbehagens begleitet. Im zweiten Vorgang hingegen empfindet man einen innere Kräfte akkumulierenden Zustand. Die Muskulatur wird hier in *gedehnten* Zustand versetzt. Die Dehnung löst im Muskelfleisch eine Abflachempfindung zum Knochen hin, also in Querrichtung aus. Bei der Empfindungsanteilnahme in der Beherrschung des Muskel-Bewegungsapparates (psycho-physiologische Einstellung), die im Einklang mit den anatomischen Gegebenheiten steht, handelt es sich nicht mehr um eine persönliche Methode, sondern um eine *vom Organismus selbst* angeordnete *organologische* Grundlage, die wissenschaftlich klarzustellen ist.

So einfach die in Frage kommenden Vorgänge auch sind, wenn man sie erlebt, so schwierig ist es die zu lokalisierenden Willenseinsätze, die von Empfindungen begleitet sind, klarzulegen, zumal das organische Empfindungsleben, von der wissenschaftlichen Warte gesteuert, einstweilen noch ein fremdes Gebiet für den Künstler ist und einem Forschungsgebiet angehört, welches den *psycho*-physiologisch-anatomischen *Gegebenheiten* Rechnung trägt. Ich habe mir seit mehr denn fünf Jahrzehnten zur Aufgabe gemacht, dieses Gebiet zu erschließen und es als Disziplin zu begründen.

Der Wille hängt empfindungsmäßig mit dem gegliederten Körper zusammen, *der schließlich sein Schöpfungsinstrument ist.* Dieser Zusammenhang löst ein erotisches Wollustgefühl aus! ja, man kann, darf und soll in dieser Beziehung süchtig sein und werden, weil diese die Entwicklung bis zum letzten Atemzug steigert. Dann wird jeder Neumond zum Erlebnis, weil er nicht nur die Meere, das Gebirge, sondern auch das sensible-motorische Nervensystem flutartig aufwühlt und dem Künstler die kosmisch sinngemäße Gewißheit seiner Einstellung zum Daseinserlebnis werden läßt. Diese Erlebniserkenntnis aufkeimen zu lassen, möchte ich dem jungen Künstler auf seinem schwierigen Gestaltungsweg mitgeben: das hymnische Erlebnis geist-leib-seelischer Einheit! Gestaltung durch Gestalt.

Die Interpretation ruht letztlich in der *Empfindungssphäre* des

Muskel-Bewegungsapparates, die erst die Gestaltung durch Gestalt erlebnisreich und charakterlich bedingt; die *psycho*-organisch fundierte Pädagogik sollte vom Staate her veranlaßt werden, die völkische Leistung zu erhöhen; persönliche Erfahrungen haben sich dem Schöpfungsplan unterzuordnen. So gelangen wir zur Erziehung des musischen Menschheitsmenschen.

Ober- und Unterextremität stehen in engster funktioneller Beziehung zueinander; Schultergürtel und Arm, Beckengürtel und Bein — „Tastensohlenboden" und „Fußzehenboden" — mit diesen Erlebnisböden richtet sich der Mensch als Gestalter durch Gegensatzführungen der Muskelkräfte wesenhaft als Spieler auf dem König aller Instrumente, der Schöpfungsorgel, auf.

Fichte schreibt vor hundertfünfzig Jahren: „Die Anführungen des Zöglings, zuerst seine *Empfindung*, sodann seine Anschauung sich klarzumachen, mit welcher eine folgegemäße Kunstbildung seines Körpers Hand in Hand gehen muß, ist der erste Hauptteil der neuen deutschen Nationalerziehung. Alles kommt hierbei auf die naturgemäße Stufenfolge an und es reicht nicht hin, daß man mit blinder Willkür hineingreife und irgendeine Übung einführe. In dieser Rücksicht ist nun noch alles zu tun, denn Pestalozzi hat kein abc der Kunst geliefert. Dieses müßte erst geliefert werden, und zwar bedarf es dazu eines Mannes, der, in der Anatomie des menschlichen Körpers und in der wissenschaftlichen Mechanik auf gleicher Weise zuhause, mit diesen Kenntnissen ein hohes Maß philosophischen Geistes verbände". („Reden an die deutsche Nation").

Goethe schrieb gegen Ende seines Lebens in einem seiner letzten Briefe an Wilhelm v. Humbold: „Die Tiere werden durch ihre Organe belehrt, sagten die Alten, ich setze hinzu: die Menschen ebenfalls, sie haben jedoch den Vorzug, ihre Organe wieder zu belehren. Je früher der Mensch gewahr wird, daß es ein Handwerk, daß es eine Kunst gibt, die ihm zur geregelten Steigerung seiner natürlichen Anlagen verhelfen, desto glücklicher ist er."

Anmerkung.

In Bezug auf meine *psycho*-physiologisch-anatomische Forschung auf dem Gebiet des Muskel-Bewegungsapparates habe ich im

Buche „Lebenssteigerung" (Delphin-Verlag, nicht mehr zu haben) die ersten Ergebnisse veröffentlicht. Im Jahr 1927 wurden Thesen von mir in einem psychosoziologischen Kongreß an der Sorbonne unter dem Vorsitz des Physiologen Charles Richet vorgetragen. Es folgte das Buch „Muskel und Geist" (Verlag der „Ärztlichen Rundschau", München, vergriffen), Das letzte Buch „Universelle Technik für die Hand des Künstlers" (Verlag Bosse) enthält Ansätze für einen systematischen Aufbau, der in der vorliegenden Arbeit „Gestalt durch Gestalt" seinen Abschluß gefunden hat.
Verfasser war Schüler von Robert Teichmüller, Conrad Ansorge und Ferruccio Busoni.

Meditation oder stummes Selbstgespräch.

Dieser Abschnitt bezweckt nicht nur einen Weg zur Erschlaffung der Muskulatur aufzuweisen, in welcher sich der vegetative Organismus aufbauend erhält, vielmehr sind in diesem Ruheverhalten, Haltungen der Glieder durch Gegensatzführung, durch Selbstsetzung des Widerstandes *vorstellungsmäßig* vorzunehmen, wobei das Denken ausgeschaltet bleibt. „Welt als Wille und Vorstellung" (Schopenhauer).

Wie tief der Mensch von seinem Körper abhängt, das kann er leicht an sich selbst feststellen, nämlich, daß sein Denken, auch wenn er nicht lautlich artikuliert, mit einer Anteilnahme seines Kehlkopfapparates einhergeht. Mit anderen Worten, er kann nicht denken ohne stumm seinen Kehlkopf und alles, was damit zusammenhängt, zu betätigen. Denken, ob in höheren Regionen oder in tälernen Bahnen geht unmittelbar mit einem stummen Selbstgespräch einher. Das Instrument des Menschen, der Kehlkopfapparat, durch den Ton, Wort, Begriff und Denken zum Ausdruck gelangen, offenbart in seinen Schwingungen die Atmung der Schöpfung.

Wir können wohl einige aneinander geknüpfte Vorstellungsbilder im Geiste vorüberziehen lassen, wir können bestimmte seelisch-körperliche Einstellungen wachhalten *ohne* zu denken, *ein äußerst wichtiger Faktor*, wir können uns den Sinnesenergien hingeben und kurze Assoziationen verspinnen, intuitive Eingebungen empfangen, jedoch Denken, das heißt im Geiste gliedern und das logisch Gegliederte bewegend zu Erkenntnissen formen, ist mit einem stummen Selbstgespräch unweigerlich verbunden. Sobald man zu denken anfängt, tritt der Kehlkopfapparat in Tätigkeit und zwar verengen sich die Artikulationsorgane (Ansatzräume) bei den Konsonanten und erweitern sich bei den Vokalen. Dieses stumme Sprechen (Selbstgespräch) kann sich auch mit der Einatmung vollziehen, was beim faktischen Sprechen nur mit der Ausatmung möglich ist. Das Roß wiehert mit der Einatmung und der Esel i-jat mit derselben. Wenn man sehr traurig ist und schluchzt, dann geschieht es auch mit der Einatmung, solche Schluchzlaute von Caruso klingen mir heute noch im Gedächtnis.

„Am Anfang war das Wort und das Wort ward Fleisch!" Wort und Fleisch, Wort und Geist. Die in Frage kommenden Muskelfasern, die den Kehlkopf bedienen, werden durch das Denken in erhöhte Tätigkeit versetzt; man bezeichnet die vom Willen her angeforderte Tätigkeit als Innervation. Die Muskelfasern vibrieren, auch wenn kein Denken stattfindet; diese ständige Vibration (auch die Erde zittert ständig) wird Tonus genannt und kann mittels eines bestimmten Instrumentes als Ton hörbar gemacht werden. Zu dieser Dauertätigkeit kommt nun die Einwirkung vonseiten des Willens hinzu, eine Energie seelischer Art.

Die Sprache, aber auch das stumme Denken, wird mit dem Ohr auf eigene Weise wahrgenommen; es sind die Nerven des Gehörohrs (Cortisches Organ), die gereizt werden; mit dem Gehör steht das Gleichgewichtsohr (die drei Bogengänge) in direktem Zusammenhang, von dem die *Gesamtmuskulatur*, entsprechend den Vorstellungen, die das Wort auslöst, in Mitleidenschaft gezogen wird. Man wird mich verstehen, wenn ich den interpretierenden Künstler immer wieder auf die gegliederte Gestalt hinweise, die mit der Gestaltungskraft in Beziehung steht.

Konstantin Stanislawskij, der große russische Regisseur des damaligen Künstlertheaters in Moskau, einer der größten Regisseure überhaupt, schreibt: „Das geistige Leben der Rolle entsteht auf der Bühne nicht von selbst, sondern nur in Verbindung mit der *Schaffung des körperlichen* Lebens, das auch ein günstiger Nährboden für die Schaffung des geistigen Leben ist. Wie Ihnen bekannt ist, spielen sich das Leben des Geistes im Leben des Körpers wider, umgekehrt: auch das Leben des Körpers kann sich im Leben des Geistes widerspiegeln. Die physische Handlung und die psychologische Handlung sind zwei Seiten eines Prozesses."

Die nunmehr zu umschreibende Übung besteht darin, das Denken auszuschalten. Dieses kann auch anscheinend dadurch erreicht werden, daß das Denken einfach unterdrückt wird; damit würde ja auch sein Erfolgsorgan (Kehlkopf) außer Tätigkeit gesetzt werden. Dennoch ist es ein wesentlicher Unterschied, wenn der Geist seine Aufmerksamkeit unmittelbar dem Kehlkopf zuwendet, diesen im Belauschungszustand unter Kontrolle stellt. Die *Empfindung*, den Kehlkopf gewissermaßen „loszulassen" beeinflußt unweigerlich auch den vegetativ verlaufenden Atmungsvorgang, der durch eine bestimmte Gegensatzführung zwischen Brustkorb und Leib sich vom Ausatmungsdruck gegen die Stimmlippen absetzt, was sich empfindungsmäßig in einer Dehnungsspannung äußert. Mit anderen Worten, der Geist dringt in die *Wesenheit* der vegetativen Führung ein und veranlaßt dadurch die Natur zu einer aufbauenden Tätigkeit und zwar unter der *Kontrolle des Geistes im Belauschungsakt*. Die vegetative Lebensebene, in der das Schöpferische eingeschlossen ist, wird in der gedankenfreien Ruhe zum Anleger einer Entwicklungstendenz, die nunmehr aus der *Selbstbewußtseinsebene* willens- und empfindungsmäßig erfolgt; *Ruhe, die mit einer Empfindung des körperlichen Beisichseins einhergeht*. Hierbei kann sich der sensible Organismus gefühls- und empfindungsmäßig im Sinne innewohnender Gestaltungsgesetze ausschwingen, ohne daß er durch verkrampftes Angst- und Notdenken geschädigt wird. Die Ruhe, die der heutige Künstler, wie der blutdruckgesteigerte Mensch in der Hetze und im Geschrei der Zeit braucht, ist heilkräftig. Busoni schreibt an seine Frau: „Es ist nur zu hoffen, daß die Menschheit noch rechtzeitig von diesem dummen Hang zu Raschheit, Massenhaftigkeit und Besitz abbiegt, damit noch große Künstler entstehen können."

„Die Schule des Schweigens" von Adele Curtis in London (Graf Hermann Keyserling spricht begeistert über die Begründerin) entspricht nicht meinen Intentionen, weil im Schweigen ein stummes Denken sich einnisten kann; dieser Einwand gilt auch für die aus den Zisterzienserorden hervorgegangenen Trappisten. Die „Kehlkopflosigkeit" könnte als schöpferischer Zustand angesprochen werden. In diesem Zustand distanziert sich etwas vom Ich und zwar mit der Einsicht und Absicht, das Schöpferische nicht durch das Ich zu hemmen und gewalttätig zu unterdrücken. Es dichtet nach Goethe das „Es", es eint das „Tao" Laotses. Das sächliche Geschlecht gelangt durch das „Weiblich-Männliche" und durch das „Männlich-Weibliche" zur Über-Zeugung.

Der kehlkopflose Zustand unter der Kontrolle des Sichbelauschens kann als *Ansatzpunkt lokalisiert werden, wo der Geist-Wille offenbar eine weitere organische Entwicklung anzufordern imstande wäre.* Ich möchte an dieser Stelle besonders betonen und hervorheben, *daß in diesem kehlkopflosen Zustand eine bestimmte Gliederstellung, ebenso eine Dehnungsspannung fleischlich wachgehalten werden kann. Die Vorstellung kann im menschlichen Geist vom Denkakt abgesetzt werden.*

Mit Ausschaltung des Kehlkopfes, also ohne ein stummes Selbstgespräch zu führen, kann der Geist das Aufsichselbstgestelltsein des gesamten Körpers empfindungsmäßig erlauschen und *darüber hinaus* eine muskuläre *Abflachung* als *Dehnung* sensibilisieren, erotisieren. Sich Sehnen in psychischer und sich Dehnen in psycho-physiologischer Beziehung: ein sich Durchleuchten in der Wesenheit All-beseelter Schöpfung. Wir nähern uns der überpersönlichen Wesenheit, die das Sein im *Selbstwissen* verpersönlicht. Die be-sinnliche, das heißt sinnenhaft erfaßte Ruhe ist Weihe-Nacht, lichtbringende Zeit, in der zwei Wesenheiten durch die unbefleckte Empfängnis zur Aussöhnung gelangen, um das Bewußtsein im menschlichen Sein zu erhöhen. Die Freiheit des Willens spaltet das metaphysische (transzendente) Bewußtsein in die persönliche Wesenheit und in die unpersönliche Allwesenheit; zwei *ewige* Substanzen. Mit der Verpersönlichung der pantheistischen Substanz tritt eine neue Spaltung in Erscheinung und zwar auf Grund der Willensfreiheit; einerseits der Wille zur völligen Denaturalisierung, Entgeistigung der Materie (Maschinenzeitalter) und andererseits die weitere Verpersönlichung der Allwesenheit zur *Persönlichkeitsgemeinschaft*. Die neue Spaltung setzt eine neue Aussöhnung voraus. So wie die metaphysische Spaltung keinen Sündenfall bedeutet, so gilt das gleiche für den menschlichen Geist, wenn er sich von der Allwesenheit entbindet. Ein Muß durchzieht die Entwicklung.

Die heute auf sich gestellte Jugend, die sich ent-bunden fühlt, dadurch aber in eine vertieftere Einsamkeit gerät, hat nun die treibende Tatkraft aufzubringen, sich für eine Vergeistigung des Willens und entsprechend für die Würde des Menschen in der kommenden Gesellschaftsordnung einzusetzen; sie, die nach Be-geisterung sich sehnende Jugend, ist die Fahnenträgerin!

Haltung der Unterextremität.

So wie beim Oberarm die Einwärtsdreher dominieren, so bei der Unterextremität die Auswärtsroller des Oberschenkels. Auch bei der Unterextremität gibt es, entwicklungsgeschichtlich betrachtet, Muskeln, die zentrifugal in die Extremität eingewandert sind und solche, die von der Unterextremität her zentripetal zum Rumpf Beziehungen aufgenommen haben; sie verhalten sich in raumläufiger Hinsicht antagonistisch zueinander, in Bezug auf die Rotation jedoch synergistisch; hier nämlich dominieren die Auswärtsdreher des Oberschenkels. Die Drehachse verläuft durch das Zentrum des Femurkopfes; auch hier, wie beim Oberarm, wirken die betreffenden Muskeln (M. psoas und M. iliacus einerseits und der M. glutaeus maximus andererseits) nach dem Gesetz des Kräfteparallelogramms, und zwar derart, daß sie gemeinsam das Becken vorheben (vortragen), eine Bewegung, die im Lenden-Kreuzbeingelenk stattfindet.

Was die Haltung der Einwärtsdrehung für die Oberarme bedeutet, ist für die Auswärtsdrehhaltung der Oberschenkel entscheidend. Oberarme und Oberschenkel hängen muskulär und nervlich *unmittelbar* zusammen. Die Auswärtsdrehung des Oberschenkels ist nicht zu verwechseln mit einer Schaftachsendrehung des Oberschenkels, wobei die Beine gespreizt werden. Die Auswärtsdrehkräfte der Oberschenkel im Zusammenhang mit der Adduktion derselben gegen das Becken, drängen es vor, ein Vorgang, der instinktiv im Begattungsakt (Orgasmus) vonstatten geht.

Die Beckenschaufeln, gleichsam „Schulterblätter des Beckens", bilden jedoch durch Amphiarthrosen mit dem Kreuzbein ein einheitliches Gebilde, welches mit dem fünften Lendenwirbel gelenkig verbunden ist. Der Hüftbeinmuskel (M. psoas), der wichtigste, fast alleinige Vorheber des Beines und der große Gesäßmuskel, der das Bein nur bis zum Standbein rückwärts bewegt, verhalten sich gleichsinnig in der Auswärtsdrehung des Oberschenkels.

Die gleichzeitige Intätigkeitssetzung der *Einwärtsdreher* des Oberarmes bewirkt eine *Gegensatzführung* der Muskelzugkräfte zu den genannten Auswärtsdrehern des Oberschenkels; nämlich die Einwärtsdrehung des Oberarmes kann zur Folge eine Vertiefung der konkaven Lendenwirbelsäule („hohles Kreuz") haben und zwar durch die Ursprungsaponeurose (Rückenlendenbinde, Fascia lumbodorsalis) des Latissimus. Dieser Tendenz ist durch ein Vortragen, Vorheben des Beckens entgegenzuwirken. Aber nicht nur das; es ist auch die Tendenz vorhanden, die *natürliche* Ausbuchtung der Lendenwirbelsäule, die durch das Gewicht des Rumpfes verursacht wird, in *Ausgleichstrebung* zu halten. Von der Region der Schambeine findet bei sachgemäßer Auswärtsdrehhaltung der Oberschenkel, von den Oberschenkelköpfen her, eine solche Ausgleichstrebung der Lendenkrümmung statt. Auch die konkave Halswirbelsäule, durch das Gewicht des Kopfes verursacht, wird durch die Aktion einer bestimmten Schulterblattdrehung, in Zusammenhang mit der Einwärtsdrehhaltung der Oberarme, in Ausgleichstrebung gebracht. Das Nackenband (Lig. nuchae) wird vonseiten des Trapezmuskels und des Rautenförmigen Muskels nach rückwärts gezogen. Die durch die Erdanziehung verursachte Fragezeichen-Krümmung der Wirbelsäule sollte Anlaß bieten, sie zu einem Ausrufzeichen zu erhöhen.

Die Folge der Auswärtsdrehhaltung der Oberschenkel ist u. a. eine Anstraffung des Bertin'schen Bandes (Lig. iliofemorale) und damit eine Sicherung für den Femurkopf in der Hüftpfanne (Acetabulum). Die Faserrichtung des M. iliacus, der die Beckenschaufeln ausfüttert und sich dem Oberschenkelkopf anschmiegt, bildet eine Fortsetzung des äußeren schiefen Bauchmuskels (M. obliquus abdominis externus). Das Vortragen des Beckens ist, wie bereits ausgeführt, die Folge der Auswärtsdrehhaltung der Oberschenkel um ihre Hauptlängsachse. Der Psoas hat vonseiten seiner *Ursprünge* die Funktion, den Rumpf zu beugen (antevertieren) im Gegensatz zur Hebung des Oberschenkels; dem großen

Gesäßmuskel fällt die Aufgabe zu, den Rumpf zu retrovertieren (er wirkt dem nach vorn Überfallen des Rumpfes entgegen) und das Bein nach rückwärts zu bewegen. Die Ursprünge genannter Muskeln verhalten sich also gegensätzlich zu einander; anders ihre *Insertionen*, die das Becken vorheben, *weil beide Muskeln das Kreuzbein-Lendenwirbelgelenk überqueren.*

Das Muskelfleisch des inneren Beckens ist am günstigsten dort in Drehrichtung zu erfassen, wo es zwischen dem Darmbeinrand und dem Leistenband zum kleinen Rollhügel des Oberschenkels verläuft. Der große Gesäßmuskel wird dabei intensiv mittätig empfunden. Siehe hierzu das Muskelfleisch der hinteren Achselfalte des Armes. Dort ist es der M. teres major, der genetisch verwandt ist mit dem Latissimus, hier der M. iliacus mit dem Psoas, die gemeinsam als M. iliopsoas zusammengefaßt werden.

Zusammenfassendes über den Gesangsapparat

Die Sänger sollten sich über den Mechanismus der sogenannten „Atemstütze" mehr Klarheit verschaffen. Der Brustkorb ist schwer und es ist verfehlt, das Gewicht von regulären Atemkräften tragen zu lassen. In diesem Fall wird der Fluß des Vortrages durch die Schwerkraft gehemmt, die crescendierten Töne kommen dann intermittierend, oft stoßweise hinausgeschleudert, was dem gestaltenden Vortrag eines Liedes total zuwiderläuft; die Töne verwellen und die Ruhe der Landschaft erhält nicht die Spiegelung seelischen Darüberstehens, auch wenn die Stimmung zu leidenschaftlichen Ausbrüchen drängt.
Die Atemstütze ist von auxilären Atemkräften gegeben, Kräfte, die dem Schultergürtel und dem Oberarm zugehören und die vom Organismus so angelegt sind, daß sie durch *Gegensatzführung* derselben das Gewicht des Brustkorbes, mitsamt dem der Arme, auf die Wirbelsäule übertragen, so daß die Ein- und Ausatmungskräfte, insbesondere die der Ausatmung, mit der schließlich gesungen wird, ungehemmt dem Ausdruck dienen können. Der atmende Rumpf besteht im Hinblick auf das *Zwerchfell* (Diaphragma thoracis) aus *zwei* Teilen, Brustkorb und Leib. Anders verhält es sich beim Vogel, der kein Zwerchfell besitzt. Der Leib wird deshalb einbezogen, weil der wichtigste Einatmungsmuskel, das Zwerchfell, bei seiner sich abflachenden Tätigkeit den Leibraum verkleinert, den interabdominalen Druck vergrößernd, der im Zusammenhang mit der Bauchmuskulatur bei der Ausatmung das Zwerchfell in seine *Ausgangsstellung* emporhebt. Der interabdominale Druck allein genügt dafür nicht, zumal die Ausatmung, je nach den Diktionen des Sängers, *empfindungsmäßig* zu erfassen ist und demnach den Leib einbezieht. Zum Ausatmungsdruck des Leibes gesellt sich die Ausatmung vonseiten des *Brustkorbes;* beide Ausatmungskräfte, also von Brustkorb und Leib, können *erst gemeinsam* beherrscht dem Ausdrucksbedürfnis dienstbar gemacht werden.

Wenn die phänomenale Sängerin, Lilli Lehmann, die ihre organischen Vorgänge nie genug belauschen konnte, wie das auch bei Caruso der Fall war, mir seinerzeit sagte, daß sie *vor* dem Singen den Leib einziehe und ihn dann loslasse, so gewiß deshalb, um das Zwerchfell in seine günstigste Ausgangsstellung zu bringen. Eine souveräne Atembeherrschung hatte die in Berlin-Westend wohnhafte Altistin Emmy Leisner.

Auf Grund der Zweiteilung des Atmungsvorganges, nämlich in Bezug auf den Brustkorb und durch das Zwerchfell in Bezug auf den Leib, haben wir zwei Atmungszentren. Die Ausatmung der Lungen durch Einengung des Brustkorbes kann der Ausatmung des Leibes durch Emportragen des Zwerchfells gegenübergestellt werden. Der komprimierte Druck im Bereich des Brustkorbes sucht nach *allen* Richtungen auszuweichen. Zwei Möglichkeiten stehen ihm da offen, einerseits in Richtung zur Stimmritze (Glottis) aber ebenso in Richtung des labilen Zwerchfells. Eine Erweiterung des Brustkorbraumes geht mit der *Einatmung* einher. Darüber sollten die Sänger mehr nachdenken, um ihrem Ausdruckslicht des Könnens eine dynamischere Ausstrahlungsintensität zu geben.

Ein anderes Problem stellt der bewegliche Dammboden (Diaphragma pelvis) dar. Ein bedeutender Berliner Sänger, der sich einer Operation unterziehen mußte, sagte mir: „Mein Lieber, ohne den ̄Arsch kann ich nicht mehr schön singen"! Caruso schreibt: ... „so — und ziehe meinen Bauch ein — so — und mein Hinterteil — so und dann singe ich".

Wir haben noch ein drittes „Zwerchfell" (Diaphragma oris), nämlich den beweglichen Mundboden. Vieles wäre anzuführen. In einem seit langem vergriffenen Buch von mir „Lebenssteigerung" hatte ich im ausführlichen Teil „Spezielle Gesangsstudie" die Struktur des komplizierten Kehlkopfapparates in seinen funktionellen Beziehungen beleuchtet. Der Kehlkopfapparat macht eine Neigung gegen die Wirbelsäule. Die durch die vibrierenden Stimmlippen erzeugten Töne werden mittels einer *Gegensatzführung* zwischen Vokal- und Konsonantenbildung in den Ansatzräumen artikuliert, gewissermaßen „gekaut" gestaut. Der

Unterkiefer, der ein transportables Gelenk hat, ist gegen die *Schläfen* hin getragen zu halten. Ebenso ist die Atemstütze als *Tragearbeit* zu empfinden. Das Zwerchfell steht mit einem der wichtigsten Oberschenkelmuskel (Hüftbeinmuskel, Vorheber des Beines) in Beziehung.

Auch die Hand spielt eine wesentliche Rolle in der Formung des Ausdruckes durch willens- und empfindungsmäßige *Gegensatzführung der Kräfte*, die in der Hand einstrukturiert sind. Handzentrum und Sprachzentrum sind im Gehirn eng benachbarte Bezirke; der Daumen (die Gegenhand) steht in nervöser Beziehung zum Unterkiefer, den man nicht willentlich fallen lassen kann; jedes Öffnen des Mundes ist ein aktiver Vorgang.

Erwähnenswert ist, daß die gesamte Muskulatur vom Organismus in einer Dauerschwingung (Tonus) gehalten wird, die man mittels einer Apparatur hörbar machen kann. Beim Singen wird die Nackenmuskulatur, besonders bei der Vokalbildung, intensiv in Mitschwingung versetzt.

Der singende Körper, das erstrahlende Firmament, letztlich eine gleichsam atemlose, explosive, *ansatzlose* Stimmführung; es entsteht die Empfindung des Nachinnensingens, wobei ein Kerzenlicht vor den Mund gestellt flackerlos bleibt, Worte, verdeutlicht geprägt, zum Ausdruck kommen.

Wie einfältig, den Gesangsapparat durch ableiern von Exerzitien bilden zu wollen! Gestaltung durch Gestalt!

Wir haben *zweierlei* Stützaktionen in Bezug auf den Gesangsapparat vorzunehmen; eine, die das Gewicht des Brustkorbes betrifft, welches auf die Wirbelsäule zu übertragen ist, die *Brustkorbstütze* und eine andere, die im Verhältnis zur *Ein- und Ausatmung* steht, die *Atemstütze*, welche willens- und empfindungsmäßig zu erleben ist.

Aufschlußreich schreibt Caruso: „Wenn die Leute denken, ich singe frei heraus, dann irren sie. In solchen Augenblicken arbeite ich mit all meiner Kraft. Man darf mir nicht anmerken, daß ich arbeite, wenn ich singe, das ist die Kunst daran".

In diesem Zusammenhang möchte ich nun auf einige psychoanatomische *Gegebenheiten* aufmerksam machen. Bei der Einatmung (Inspiration) erweitert sich der Brustkorb in drei Dimensionen, in sagittaler Richtung (Linie vom Brustbein gegen die Wirbelsäule) und in der Breite; in der dritten Dimension, also in der vertikalen Richtung (caudalwärts), wird er durch die Abflachung der Zwerchfellkuppel erweitert, eine Tätigkeit, die für die Leber von ausschlaggebender Bedeutung ist. Eine weitere Möglichkeit steht den an den Wirbeln sich drehenden Rippen zu einer bestimmten Erweiterung der Zwischenrippenräume offen, nämlich die *Spreizhaltung* derselben, unsachlich als sogenannte Flankenatmung bezeichnet. Hierbei werden die Zwischenräume der Rippen durch ausgiebige Muskelkräfte *harmonikaartig* auseinandergezogen und es ist keineswegs sonderbar, daß *diese* Kräfte mit denen der Stützaktionen des Brustkorbes kommunizieren; dennoch sind *beide* Stützaktionen (Brustkorb-Atemstütze), die von mir erstmalig unterschieden wurden, getrennt voneinander vorzunehmen.

Beim Kehlkopfverschluß (Schließung der Glottis) drückt der Ausatmungsdruck (Expiration) gegen die Stimmlippen, beim Wachrufen der Rippenspreizung schwindet der Druck; ein untrügliches Zeichen dafür, daß die Spreizung in Richtung der Einatmung liegt. Mit anderen Worten, es liegt die Möglichkeit einer *Gegensatzführung* psycho-organischer Kräfte im Bereich der Atmung selbst vor.

Das Singen ist jedoch nicht nur eine Kanarienvogel-Angelegenheit ... Sprache, Be-greifen des geistigen Buwußtseinserlebens kommt hinzu, Wort und Hand, die zum ergreifen bestimmt sind; das Wort, das vom Gesicht des schöpferischen Menschen getragen wird. Das Instrument des Sänger ist nicht nur sein tonerzeugendes Organ, die vibrierenden Stimmlippen, es kommen die Ansatzräume, die Artikulationsorgane der Sprache, die sich erweiternden und verengenden Räume, vom weichen beweglichen Gaumen getrennt, hinzu; Organe, welche für eine *dynamische* Wirkung einzusetzen sind, um den Wortgebilden ihre *eindringliche* Ausdrucksmacht zu geben. Wiederum denke ich u. a. dabei an Ludwig Wüllner, an den baltischen Sänger Raimund von Zur-Mühlen.

In früheren Artikeln habe ich bereits hingewiesen, welche wesentliche Rolle der verhältnismäßig schwere Unterkiefer spielt, der zur Schläfe, im Zusammenhang mit dem transportablen Kiefergelenk, bewußt in Beziehung zu setzen ist. Wer macht sich schon Gedanken über das *Gewicht* des Kehlkopfes, der nicht nur das tonerzeugende Instrument ist, sondern die Atmungsvorgänge in die Artikulationsräume leitet? Das Gewicht, das nicht nur von den drei Rachenschnürern erfaßt wird; es ist der Kehlkopf, der die Anlage hat (äußeres Sphinktersystem) sich *von sich selbst zu tragen!* Ähnlich wie die Hand, Greiforgan des Geistes, sich von sich selbst her einen Halt zu geben vermag, so hat auch der Kehlkopf, die Hand des Geistes, die Möglichkeit, sich einen Halt zu geben. Die Vorwegnahme eines Kehlkopfdruckes und die Überwindung des Kehlkopfgewichtes erzeugt die Empfindung einer Kehlkopflosigkeit. Wer gibt sich darüber Rechenschaft? Nun, mit dem Aufsichselbstnehmen des Kehlkopfgewichtes, das mit einer *Dreheinstellung* einhergeht, wird zugleich die Atmungsfrequenz als Resonanz gegeben.

Für den Anatomen: Wie es in der anatomischen Terminologie drei Zwerchfelle gibt: Diaphragma thoracis, pelvis und oris, so gibt es in Bezug auf die Brustkorb-Atemstütze drei Sägemuskeln: M. serratus ant. superior, Serratus posterior superior und post. inferior. Letzterer ist mit der Faszie lumbodorsalis verwoben, also mit der Ursprungsaponeurose des M. latissimus dorsi, der im Zusammenhang mit dem Serratus ant. sup. und dem Trapezmuskel sich an der Brustkorbstütze beteiligt.

Rotationsgriff zur Ketteninnervation.

Elle und Oberarm artikulieren mit der Speiche mittels dreier Gelenke: Art. radioulnaris distalis, Art. radioulnaris proximalis und Art. humeroradialis. Diese Gelenke stehen ebenso der Elle als dem Oberarm zur Verfügung. Es ist nicht einzusehen, weshalb die drei genannten, der Speiche zukommenden Gelenke für eine Ellen-Oberarmdrehtendenz nicht zugänglich sein sollten?
Bei extrem dorsal fixiertem Unterarm setzt sich die Diagonalachse desselben in die Hauptlänge des Oberarmes fort. Die Elle wird vom rotierenden Oberarm mitgenommen; vonseiten einer Schulterblatt*drehung* (Parallelstellung) ist man in der Lage, auch bei *gebeugtem* Unterarm die Elle in eine gedrehte Lage zu bringen. Es handelt sich um eine *imaginäre Längsachse der Elle*, welche die Hauptlängsachse des Oberarmes und die Längsachse des Schulterblattes, die durch das Lig. coracoclaviculare verläuft, einschließt. Die Möglichkeit, Elle plus Oberarm auch bei *gebeugtem* Unterarm in Einwärtsdrehrichtung zu bringen, ist nur durch die Schulterblattdrehung gegeben.
Nach der analytischen Betrachtung können wir nunmehr die Rotationsachse für die Drehung des Gesamtarmes, die vom Processus styloides ulnae bis zum Proc. coracoides des Schulterblattes verläuft, einzeichnen.
Die imaginäre Längsachse bezieht die Hand mit ein, wenn dieselbe radial dorsal flexiert wird; Innervation der sogenannten „Fausschlußhelfer" (M. ext. carpi radialis brevis und M. extensor carpi radialis longus), die in nervlich-fuktioneller Beziehung zu den langen Fingermuskeln stehen. Hier kommt eine Gegensatzführung zwischen der radial dorsal flexierten Handhaltung (Pronation im Handgelenk) und der Supinationshaltung der Speiche zustande. — Bei der Leiche kann die Hand im proximalen Handgelenk durch mechanischen Zug an bestimmten Muskeln gedreht werden. — Abschließend die Schrägachse der Fin-

ger (Fingerpronation). Die Mm. lumbricales, die mit den Mm. interossei die Grundphalanx volar flexieren und durch die Dorsalaponeurose der Finger die beiden Fingerendglieder strecken, haben im Zusammenhang mit dem gemeinsamen Fingerstrecker die Tendenz, die Finger *radial* in Aufwärtsrichtung zu ziehen; die Radialabduction überwiegt.

Die Elle steht durch den Diskus articularis, der unverschiebbar mit der Speiche zusammenhängt, in Beziehung zur proximalen Handgelenkkammer. Mit einer Verlagerung der Elle in Drehrichtung werden die Bänder der Elle (Lig. ulnacarp, volare, Lig. collt. ulnare) gespannt und hätten m. E. einen Einfluß auf das Handgelenk.

Der Impuls für die Beanspruchung der imaginären Längsachse des Gesamtarmes kann am unteren Ende der Elle angesetzt werden, denn es kommt in diesem Fall darauf an, *die Hand von der Elle her* und nicht von der Speiche, die in Supinationsrichtung fixiert ist, zu erfassen und eine *Ketteninnervation* zur Auslösung zu bringen. Diese erstreckt sich zwangsläufig bis zur Schulter und fordert in pädagogischer Hinsicht eine Klarlegung der *psycho*-physiologisch-anatomischen Gegebenheiten.

Die Speiche wird in Auswärtsdrehrichtung fixiert und mit der Elle in zugkräftigen Kontakt gebracht, distal durch den M. pronator quadratus, der merkwürdiger Weise sich um die Elle wickelt, und proximal durch den Bizeps. Die Kontraktion des Quadratus dient als Hypomochlion für die langen Fingerbeuger, die durch ihn gereizt werden.

Die Speiche hat am Oberarm nur eine Stütze, während die Elle mit dem Oberarm das Ellenbogengelenk bildet. Die Supination drückt die Speiche gegen die Elle und durch die Komponente des Bizeps zur Volarflexion des Unterarmes den Speichenkopf gegen die Stützfläche am Oberarm; Sicherung des dreigliedrigen Ellenbogengelenkes. Das distale Speichen-Ellengelenk wird durch den Quadratus gesichert.

Die Möglichkeit, die Elle bei fixierter Speiche gegen die Speiche zu drehen, könnte als kopernikanische Umwertung im Bereich der Oberextremität gewertet werden.

Wir stoßen hier auf ein Kompensationsgesetz, das für die Entwicklung des Lebens eine tiefgründige Rolle spielt.

Finger, Hand, Speiche, Oberarm und letztlich die Schulterblätter können simultan in ihren *Rotationsachsen* willens- und empfindungsmäßig erlebt-erfaßt werden; bis auf die Speiche verlaufen die Drehbewegungen in *Einwärtsdrehrichtung*, die Elle wird in Drehstellung durch die Schulterblattdrehung gebracht, Hand und Finger zwangsläufig gedreht.

Durch die willens- und empfindungsmäßige *Erlebnisfassung* der *Längsachsen* — ich möchte sie als Achse der Selbsterhaltung, des um sich selbst Drehens bezeichnen — werden die Bewegungskräfte der jeweiligen Querachsen mit erfaßt: ein allumfassendes dreidimensionales Bewegungskreuz, eine raum-zeitliche Überschaupotenz des Überbewußtseins.

Zusammenfassend: da die Elle in ihrer Hebelausschlagbewegung vonseiten der Einwärtsdrehung des Oberarmes zugleich auch vonseiten der Schulterblattdrehung in *einwärts* gedrehte Stellung gebracht wird, da die Elle durch eine in *Auswärtsdrehrichtung* fixierte Speiche auch die Diagonalachse des Unterarmes einbezieht und weiterhin durch Schrägstellung der Hand dieselbe zwangsläufig um *ihre* Längsachse gedreht wird, wie das auch bei den Fingern der Fall ist, so haben wir die Möglichkeit, *von der Elle her* eine Ketteninnervation der in Frage kommenden Muskeln der gesamten Oberextremität zur Auslösung zu bringen, wenn der Impuls für eine derartige Elleneinstellung angesetzt wird, die in *einwärts* gedrehter Richtung liegt. Die Elle „an sich" kann nicht rotiert werden, aber sie kann im Zusammenhang mit der Schulterblattdrehung eine einwärts gedrehte Lage einnehmen. *Es handelt sich um die gleichzeitige Erfassung der Rotationsachsen (Längsachsen) des Gesamtarmes, um einen Griff zur Ketteninnervation!*

Die Fixierung der Speiche in Supinationsrichtung, oppositionell zur Einwärtsdrehung des Oberarmes stehend und die Schulterblattdrehung sind die Voraussetzungen, daß die Hand nunmehr von der Elle erfaßt wird.

Damit schließe ich in Bezug auf die Oberextremität ein Kapitel meiner *psycho*-physiologisch-anatomischen Forschung.

Anmerkung.
In Bezug auf das Überbewußtsein möchte ich einige Sätze aus einem der bedeutendsten Briefe Mozarts zitieren: „Wenn ich recht für mich hin bin und guter Dinge, etwa auf Reisen im Wagen oder nach guter Mahlzeit beim Spazierengehen, in der Nacht, wenn ich nicht schlafen kann, da kommen mir die Gedanken scharenweise und am besten. Woher und wie, das weiß ich nicht, kann auch nichts dazu. Die mir nun gefallen, behalte ich im Kopf, und summe sie auch wohl vor mich hin. Das erhitzt mir nun die Seele, wenn ich nämlich nicht gestört werde; da wird es immer größer, und ich breite es immer weiter und heller aus, und das Ding wird im Kopf wahrlich fast fertig, wenn es auch lang ist, so daß ich's hernach mit einem Blick gleichsam wie ein schönes Bild oder einen hübschen Menschen im Geist übersehe, und es auch gar nicht nacheinander, wie es hernach kommen muß, in der Einbildung höre, sondern wie gleich alles zusammen. Das ist nun ein Schmaus. Alles das Finden und Machen geht in mir nur wie ein schönstarker Traum vor; aber das *Überhören*, so alles zusammen, das ist doch das Beste".
Wir hören mit Anteilnahme des Gesamtleibes. Wird der gegliederte Muskel-Bewegungsapparat in fälschlicher Weise beansprucht, so kann er nicht mehr frei mitschwingen. Ein Stück über-hören, heißt in jeder Bewegungsrichtung frei und überschaulich sein.

Psycho-physiologisch-anatomische Forschung als Disziplin.

Es handelt sich bei den *psycho*-physiologisch-anatomischen *Erlebnis*erkenntnissen um eine Seinsebene, in welcher der Muskel-Bewegungsapparat der gegliederten menschlichen Gestalt als *verinnerlichte Umwelt* dem Subjekt zu seiner schöpferischen Auseinandersetzung gegenübergestellt wird.

Die deskriptive Anatomie beschreibt die Lage, den Verlauf und die Gewebebeziehungen der jeweiligen Muskeln des Bewegungsapparates; da jedoch die Muskelsubstanz als makrokosmisches Gebilde dem *Willen*, einer psychischen Substanz, ein- und untergeordnet ist, so ist das erkennende Bewußtsein in Verbindung mit *Empfindung*serlebnissen, welche zugleich eine körperliche Grundlage des *Gefühls*lebens bilden, erst in der Lage, in *praktischer* Hinsicht festzustellen, weshalb der betreffende Muskel in seiner Wirkung und Nebenwirkung vom Organismus seinen Verlauf und seine Beziehungen erhalten hat.

Die willens- und empfindungsmäßige Erleberfassung dieses lebendigen Umweltmaterials erschließt Einblicke zur *Selbstvervollkommnung*. Die organische Natur erschafft Anlagen, zu deren Entfaltung die Einsatzbereitschaft von Geist und Wille Voraussetzung sind.

Der Geist des Menschen ist mit seiner Skelettmuskulatur, welche mit dem Großhirn, dem Hypothalamus, den Pyramidenzellen, dem Rückenmark (Cerebrospinalnervensystem), ebenso mit dem vegetativen Nervensystem zusammenhängt, auf die *äußere* Umwelt bezogen. Auch das Denken ist ein Bewegungsvorgang und geht mit einem stummen *Selbstgespräch*, also mit organischer Anteilnahme des Kehlkopfapparates einher. Durch eine solche Gegebenheit können wir uns nicht der Anschauung verschließen, daß der Muskel-Bewegungsapparat „an sich" eine verinnerlichte Umwelt repräsentiert, welche den Sinn des Daseins sinnenhaft beinhaltet, denn mit der Allwesenheit der Umwelt transzendiert der objektive Geist zu seinem Selbstbewußtsein.

Die *psycho*-physiologisch-anatomischen Erlebniserkenntnisse sind befugt, die immanent schöpferischen Absichten zu belichten. Es ist die Natur des Organismus, die Naturwesenheit, die nunmehr vom Geise her das Erfolgsorgan des Willens empfindungsmäßig für den Aufbau des ganzheitlichen Menschen anfordert!: Ausblick auf eine neue Disziplin, welche Grenzgebiete pragmatisch zusammenfaßt. So wie es künftig eine allgemeingültige religiöse Einstellung des Menschheitsmenschen geben wird, so eine generelle seelisch-körperliche Einstellung dem gegliederten Organismus, dem Mikrokosmos Leib gegenüber.

Hand und Sprachzentrum sind im Gehin benachbarte Bezirke; die Hand, „das Organ der Organe" (Aristoteles); Hand und Begreifen sind *psycho*-physiologisch-anatomisch dazu bestimmt, *durch Zusammenfassung mehrerer Rotationsachsen und Kompensationen* von gegensätzlich zueinander sich verhaltender *psychoorganischer Kräfte*, das Gemeinschaftsleben auf das Niveau einer *Persönlichkeitsgemeinschaft* zu heben, den *Menschheitsmenschen* auf der Ebene eines *homogenen Bewußtseinszustandes* herauszubilden, das Selbstbewußtsein dynamisch zu erhöhen und schließlich im Bewußtsein ein Überbewußtsein aufleuchten zu lassen; organologisches Schöpfungs-Erleben, Aeon des Überbewußtseins. Abschließend einige Sätze aus meinem Buch „Universelle Technik für die Hand des Künstlers" (Bosse Verlag):

"Vom Charakter her, vom Weltanschaulichen her, haben wir die organische Schöpfung der Weiterentwicklung freizugeben. Die Muskulatur ist bei den Weichtieren am höchsten ausgebildet. Dann schlägt die Entwicklung einen anderen Weg ein. Der Organismus baute sich im eigenen Fleisch eine „Knochenerde" auf, an welchem er Stütze nahm. Das Wirbeltier war die weitere Errungenschaft des Tiergeschöpfes. Der Sprung zum Warmblüter und zum „Heißblüter" (Vögel) hing mit der Muskulatur zusammen, weil die Wärmeregulation zu Vorgängen in der Muskulatur in Beziehung steht. Hand in Hand damit ging der Aufbau des Nervensystems vonstatten. Heute scheint mir der weitere Entwicklungsgang dahin zu gehen, den menschlichen Geist mit der Hand des Geistes, dem Willen, nunmehr bewußt-gewollt an die Muskulatur anzuknüpfen, dieselbe in eigener Weise zu reizen, sie zu einer neuen Manifestation des Lebens herauszufordern. Welche Rückwirkungen diese Willenseinstellung auf das Gehirn haben wird, ist vorderhand nicht erkennbar, aber eines ist gewiß: das Denkorgan wird bei diesen Vorgängen einbezogen. Denn irgendwo haben wir anzupacken, um die Weiterentwicklung *gewollt* aufwärts zu treiben. Am Charakter?, am rein Geistigen?, oder ist es der organische Boden, unsere leibliche Erde, die für uns einen neuen Stand abzugeben hat? Wenn von der „Auferstehung" des Fleisches gesprochen wird, so liegt das organische Urelement als ausschlaggebender Faktor auch dem religiösen Sinne zugrunde."

Gewordenes und Werden.

In der *psycho*-physiologischen Anlage der Muskulatur, die im gegliederten Muskel-Bewegungsapparat *willens*- und empfindungsmäßig erfaßbar ist, verfügen wir über eine organische Struktur, die in Beziehung zum logischen Denkapparat gesetzt werden kann. Die Logik, eine geistige Substanz, die mittels des Fleisches im wahren Sinn des Wortes in das Erlebniswissen aufrückt.
Wie hängt das Psychische funktionell mit dem Leiblichen, mit den physiologischen und anatomischen Gegebenheiten auf das engste zusammen! Jedes Wort, jeder Begriff löst beim Erlauschen desselben, ein *Gefühl* aus, jede Bewegung des Körpers des gegliederten Muskel-Bewegungsapparates eine *Empfindung*. Empfindungen, die der Organismus zur Auslösung bringt, geben dem Gefühlsleben einen Boden. Dabei drängt sich die Frage unwillkürlich auf: wer registriert im Denken seine Gefühle und Empfindungen? Das Gefühls- und Empfindungsleben stellt kein ungesetzmäßiges Durcheinander dar, vielmehr gibt es dem formierenden Geist einen Umweltboden, von dem her die immanente Vernunft der Schöpfung dem Menschen *Richtlinien* für seine *Entwicklung* setzt. Wer will die äußere Umwelt verstehen wenn er nicht die eigene Innenwelt-Umwelt in die Auseinandersetzung einbezieht und sie zu *erleben* sucht, zumal Muskeln, Sehnen, Gelenke und Haut von sensibler Natur sind? Der eigene Organismus ist für den Menschen eine Umwelt, die ihm näher liegen sollte, als die äußere. Es handelt sich um ein seelisch-körperliches, gefühls-empfindungsmäßiges Beisichsein.
Der Mensch als eine All-Einheit hat *aus sich heraus* willentlich bewußt der zielstrebigen Schöpfung Rechnung zu tragen. Das Ich-Selbstbewußtsein hat auf Grund des Verinnerlichungs- und Verselbständigungsstreben die geheimen Forderungen seiner eigenen Umwelt, wie die der transzendentalen, ja, darüber hin-

aus die Transzendenz, die ebenfalls zu seiner Umwelt gehört, zu erkennen und zu erleben, soll er wissend zu seiner *ethischen* Seinsentfaltung vordringen. Die organische Natur selbst strebt aus dem menschlichen Seinsbewußtsein heraus zur Klärung, zum Seinsgrund, da die Natur ohne metaphysische Bindung einfach im Leeren hinge.

Im Laufe der geistigen Entwicklung des Menschen hat sich eine Bewußtseinsspaltung im Reiche des Objektivierbaren vollzogen; die Geistsphäre ist mit einem *Subjektgefühl*, mit dem Selbstsein behaftet. Es ist mein *persönlicher* Geist, der überschaulich, überfühlend und überempfindend alle Gegebenheiten umwölbt. Da die geistige Sphäre als solche sich *meinem* Bewußtsein offenbart und das *Überbewußtsein*, das die Transzendenz des „Bewußtseins überhaupt" einschließt, ist sie auch Objekt, das am Dasein wirkend erlebt wird.

Ebene über Ebene; in der *psycho*-physiologischen Seinsebene steht der Wille des gegliederten Muskel-Bewegungsapparates in Beziehung zum *vegetativ* beherrschten Organismus, vegetativ als *pan*-theistische Wesenheitsführung. Da der menschliche Organismus, der von der *unpersönlichen* Wesenheit erhalten wird, in seiner Muskulatur das *Sichbedingende* willens- und empfindungsmäßig einschließt, ergibt sich zwangsläufig ein *Erziehungssystem* zur Steigerung der Entwicklung des seelisch-organischen Lebens, zur Erziehung des Menschen zum *Menschheitsmenschen* mittels des *Selbsterlebnisses* auf der Grundlage einer *psychophysiologischen* Selbstsetzung des Widerstandes. Denn Sein und Nichtsein schließt die *ewige* Schöpfung der *pan*-theistischen Wesenheitssubstanz, die *ewige* Entwicklung ein.

Durch Selbstsetzung des Gegen-standes mittels der Muskulatur, die gesamt mit dem „Faszienskelett" funktionell zusammenhängt und zu den Eingeweiden in Beziehung steht — siehe hierzu die Head'schen Zonen — durch ein wissendes, erlebnisreiches Ausspielen der Körperglieder untereinander und durch die *besondere* willens- und empfindungsmäßige Muskeleinstellung, die sich nicht nur kontraktil, zusammenziehend und verdickend in Bezug auf den *Bewegungs*vorgang, sondern *selbstdehnend*, sich *abflachend* in Bezug auf die *hemmungsüberwindende* Arbeit verhält (jede Bewegung erfährt durch die Erdanziehung eine Hemmung, die zu verlebendigen ist), findet eine dynamische Steigerung des psycho-organischen Lebens und der künstlerischen Gestaltungskraft — auf die Gesalt bezogen — statt.

Eine Gegensatzführung im eigenen Selbst auf einer verinnerlichten, verlebendigten Seinsebene vorgenommen, willensbewußt realisiert, erschließt dem Geist seine einzuschlagende Entwicklungsphase für eine homogene menschheitsmenschliche Bewußtseinserziehung. Hier sollte die Pädagogik für die *Selbtführung* des eigenen Daseins ansetzen; eine pragmatische Weltanschauungsbildung zur Erhöhung des persönlichen *und* gemeinschaftlichen Lebens. Die soziale und soziologische Gesellschaftsstruktur würde sich mählich durch ein *allgemeingültiges* seelisch-körperliches *Wissenserlebnis* aus- und angleichen.

In dem Äon organischen Geschehens war es ein in die Unendlichkeit weisender Sprung, als das durch Faszien-Häute zusammengehaltene Weichtiergeschöpf sich eine „Knochenerde" erschuf, ein Skelett, an dem es sich aufzurichten vermochte; ein weiterer in die Unendlichkeit weisender Sprung war, als der Kaltblüter sich eine Wärmeregulation schuf, sich zum Säugetier emporgestaltete und den Weg zum Menschsein bahnte, und als sich durch Abspaltung des Bewußtseins ein *Gegenüberbewußtsein* konstituierte, das heißt des Sichbewußtwerdens der „Welt als Vorstellung", wobei das Wort fleischlich fundiert geboren wurde und mit ihm der Mensch. Im Bewußtseinsreich spaltet sich nämlich nunmehr das *Überbewußtsein* ab, das sich in Beziehung zur Transzendenz als Umwelt setzt.

Der Mensch stellt sich in Bezug auf die All-Wesenheit auf sich selbst, er verselbständigt sich, und betont die Souveränität seines Willens, den er in seinem Selbstseinsbewußtsein dem „Weltwillen" (Schopenhauer) gegenüber erlebt.

Sein und Nichtsein wird als *pan*-theistische Wesenheit versichtbart; es ist die *ewig* sich wandelnde Schöpfung. Diese zwei Substanzen, die aufeinander bezogen sind, Sein und Nichtsein, stürzen nicht *zeitlich* (kein Sündenfall) ineinander, sie sind in der

Ewigkeit verunpersönlicht, erblindet: der Jakob Böhme'sche „Ungrund des Seins". Nur so ist es möglich, daß sich aus der *unpersönlichen* Wesenheit ein Selbstbewußtsein, ein zu reflektierendes Daseinsbewußtsein manifestiert, das eine *Mitte* zwischen zwei Kräften zu bilden vermag. Aus dieser Mitte kann sich der Mensch als Da-sein zu seinem existentiellen Selbst erheben. Die pantheistische Wesenheit, die Schöpfung, ist in ihren Gesetzen verankert; „Nach dem Gesetz, wonach du angetreten" (Goethe). Derjenige, der außer der *pan*-theistischen, unpersönlichen Wesenheit die *persönliche* Wesenheit erlebnisweise erfühlt, kann nur ein Gebet in der Stille an diese persönliche Wesenheit, *die Liebe ist,* richten, daß das *eigene* Bewußtsein mehr und mehr aufgerissen werde. Das „Bewußtsein überhaupt", eine *transzendente* Eigenschaft der persönlichen Wesenheit, erblüht im menschlichen Bewußtsein. Denn nur mit dieser Blüte ist der Mensch imstande, sich charakterlich zu bestimmen, imstande, zur Tat zu reifen und als handelndes Subjekt sich der metaphysischen Welt einzuordnen. Hier ist er in der Lage, als verselbständigtes Da-sein *seine Unsterblichkeit* zu erleben; gnadenlos schenkt er sich selbst! „Selbstbestimmung des Menschen" (Fichte), des Staates und der in Völker gegliederten Menschheit.

Der Mensch in seinem anatomisch-seelisch-leiblichen Kosmos erlebt sich durch die *Dehnungsspannung* in der All-Wesenheit; in dieser Erotik, von der Sexualität geschieden, vibriert die Natur, die Schöpfung, das zu gestaltende Werk. *Dehnung* sensibilisieren, erotisieren — sich Sehnen in psychischer und sich Dehnen in psycho-physiologischer Hinsicht dürfen wir zueinander in Erlebnisbeziehung setzen. Auf dieser wissenschaftlichen Basis des Sichvervollkommnens, wäre eine *abendländische* Meditation aufzubauen.

Es ist die Schönheit in der Tragik des Bewußtseins überhaupt, daß es nicht erlösbar ist, aber daß ihm durch die Katharsis die Möglichkeit erschlossen wird, der Entwicklung Sinn und Richtung zu geben. Der ewige Sinn liegt im *Sein* des Bewußtseins. Vom Überbewußtsein her sollte sich der Mensch leidenden Gemütes weisheitslogisch (translogisch) der persönlichen Wesenheit erleb-

niswissend nähern und die Ent-wicklung von oben her abzuleiten suchen; der Ausgangspunkt einer Höhenpsychologie.
Die menschliche Gestalt, in welcher das gegliederte Skelett von kontraktilen und attraktiven Kräften, von einer plasmatischen Substanz erfaßt wird, in welcher „die Welt als Wille und Vorstellung" eingebettet ist und die Teile zum Ganzen koordiniert sind, ein solches Kommunizieren verschiedener Grenzgebiete im Seinsfelde ermöglicht dem Ich-Selbst-Seinsbewußtsein, sich der Allheit durch ein Erlebniswissen *psycho*-kosmologisch zurechtzufinden. Es ist die kosmische Umwelt, die an die lebende Substanz eine Schwergewichtshemmung auferlegend, die Forderung stellt, eine innenweltliche Lösung darauf zu geben, welche durch Gegensatzführung, durch Selbstsetzung des Widerstandes vollzogen wird, wodurch eine *Verselbständigung* von der Macht der Umweltführung stattfindet und somit sich im Ganzen weisheitslogisch im Überbewußtsein eine Entwicklung auflichtet.

Orchester und Dirigent.

Das Orchester ist das Instrument, das der Dirigent zu meistern hat. Ein berufener Interpret wird auch aus einem weniger guten Instrument etwas Besonderes herausholen; schöpferische Hände vermögen zu bilden und zu veredeln.

Das Instrument des Dirigenten unterscheidet sich von den übrigen Instrumenten dadurch, daß es aus Lebewesen besteht. Der Dirigent breitet seine Arme über eine Vielheit von Leben, sein Wille verschmilzt mit dem Willen der Anderen, die nun ihre Körperglieder in Bewegung setzen und ihre Instrumente zum Erklingen bringen. Ein feinsinnig lauschender Gesamtkomplex ist das Orchester, das sich willig der führenden Hand, dem führenden Auge ergibt, wenn der Wille des Dirigenten geläutert und gelöst zu etwas Tragendem und damit vermittelnd Übertragendem geworden ist, empfangsbereit für die Eingebungen des zu offenbarenden Kunstwerkes.

Der Taktstock des Dirigenten, der zum Beispiel unter „Lully's Leitung als Zeremonienstab auf dem Boden gestampft wurde, ist nicht dazu da, die Rolle des Metronoms zu übernehmen, vielmehr schwingt sich der Takt unter dem Gesichtspunkt musikalischer Interpunktion im Rhythmus aus. Der Dirigent hat vor allen Dingen Menschen zu führen. Die Beherrschung des Orchesters besteht nicht allein darin, möglichst genaue Einsätze zu geben, sie besteht, ich möchte sagen, in einer magischen Beeinflussung der Spielenden. Wenn Arthur Nikisch, den ich oft in Leipzig und in Moskau erlebte, vor seinem Klangkörper (Orchester) stand, spürte man ein Fluidum von ihm ausstrahlen; es ging eine Fernwirkung von ihm auf das Orchester und auf das Publikum über, jeder fühlte sich eingereiht in des Dirigenten sich auswirkender Persönlichkeit.

Das Wissen von der Musik macht noch nicht den berufenen Dirigenten aus, so wenig der beste Anatom, Kenner der Topographie des Körpers, ein auch nur einigermaßen guter Chirurg zu sein braucht, trotzdem sein theoretisches Wissen von den Nerven und Adersträngen und dem zu durchtrennenden Gewebe ihn dazu befähigen würde. Es muß eben noch eine persönliche organische Beziehung zur Handlung hinzukommen, nämlich die er- und durchlebte Hand des Chirurgen! Welch einen Eindruck machte auf mich seinerzeit die Hand Ernst v. Bergmanns und Zöge von Manteuffels. Eine Radierung Rembrandts zeigt Christus mit einem Heiligenschein um die Hand.

Leben ist Bewegung; Kunst vibriert in dauernden Bewegungsabläufen, die alle miteinander im Ausdrucksgleichgewicht stehen. Und unser durchnervtes Muskelfleisch ist es, das bewegt und das nur dann harmonische und gebundene Bewegungen zuläßt, wenn der Muskel-Bewegungsapparat durchgeistigt erlebt wird. Kunst als Bewegungsausdruck ist *mit dem Muskelsinn zu empfinden,* auf sichtbare Bewegungen kommt es nicht an, sondern auf das, was der Bewegung zugrunde liegt, nämlich auf das tragende Moment innerhalb der Bewegung. „Alles fließt" und „alles ist Ruhe", diese zwei altgriechischen Postulate des Denkens sind in Einem zusammenzufassen.

Jede Muskelfaser verharrt in einem Vibrationszustand (Tonus), der durch ein bestimmtes Instrument hörbar gemacht werden kann, eine Gegebenheit, die bereits zu Mozarts Zeiten zur Kenntnis genommen wurde. Anton Nicolai verfaßte Mitte des 18. Jahrhunderts die Schrift „Die Verbindung der Musik mit der Arztneygefahrtheit", die Anton Mesmer für seine Heilkunst auswertete. Mozart setzte in seiner Oper „Cosi fan tutte" Mesmer ein Denkmal. Der Tonus wurde später vom Utrechter Physiologen Brongeest wissenschaftlich nachgewiesen. Diese unbewußt erfolgende Vibration ist willensmäßig zu steigern und ist Voraussetzung für eine schöpferische Virtuosität.

Es gibt gute Bücher über die Kunst des Dirigierens, so u. a. von dem bedeutenden Gestalter Hermann Scherchen; die psychophysiologische Grundlage des Dirigierens jedoch findet viel zu wenig Beachtung und wenn, dann in oberflächlichster Weise. Gerade der den Spielbewegungen zugrunde liegende und mitzuempfindende *Seinszustand* des Dirigenten ist von ausschlaggebender Bedeutung. Dieser im Empfindungsbereich des Gesamtkörpers ruhende Seinszustand, aus dem heraus die Bewegungen fließen, in dem die Töne gehalten werden, die Pausen („Schöpferische Pause", Fritz Klatt) ruhig zu atmen vermögen, der das Werk zu etwas in sich Geschlossenem macht, dieser Zustand ist die große Magie, die alles um sich herum fasziniert und mitreißt, die keine Diskrepanz zuläßt; diesen Zustand hat der Dirigent, falls er ihm nicht von der Wiege an eigen ist, durch bewußte Arbeit an sich selbst zu erringen.

Das Werk als Umwelt verlebendigen heißt den Empfangsakt des Werkgestalters miterleben, bevor er Glied an Glied, Teil an Teil nach dem Gesetz substanzlogischen Denkens und Fühlens auskomponiert; sinnenhaft erfaßte Ursprünglichkeit. In einem Selbsterkenntnisbrief schreibt Mozart über das „Überhören" seines Werkes: „... wenn es auch lang ist, so daß ichs hernach mit einem Blick gleichsam wie ein schönes Bild oder einen hübschen Menschen im Geist übersehe, und es auch gar nicht nacheinander, wie es hernach kommen muß in der Einbildung höre, sondern wie gleich alles zusammen. Das ist nun ein Schmaus. Das Überhören, so alle zusammen, das ist doch das Beste."

Das heißt einen Bogen, ein Überbewußtsein über das Bewußtsein spannen, eine Aufspaltung des Bewußtseins überhaupt zur Vergewisserung des Absoluten.

Ich stelle mir vor, wie jeder einzelne Musiker innerhalb des Orchesters *auf gleicher körper-seelischer Grundlage* sein Instrument meistert und wie das lebendige Organon, das Orchester, den vibrierenden organischen Unterton erfassend, mitschwingt. Eine Zielstrebigkeit durchzieht in diesem Falle die Vielheit und erhöht sie zur bewußt gewordenen Einheit. *Das wäre ein Persönlichkeitsorchester im Hinblick auf eine Persönlichkeitsgemeinschaft!*

Und nun höre ich natürlich gleich den Einwand: wie will man solches erreichen, zumal so verschiedene Instrumente gespielt werden und jeder Musiker seine spezifische Ausbildung zu erfahren hat? Ich erwidere, daß die schöpferische Grundlage *aller* Techniken ein und dieselbe ist. Ob Geiger, Celloviolinist, Bläser,

Sänger, Trommler, Klavierspieler oder Harfenist, sie alle gebrauchen ihren psycho-physiologischen Muskel-Bewegungsapparat, der eine höhere funktionelle Einheit darstellt und in wissenschaftlicher Hinsicht *allgemein-gültigen Gesetzen* unterliegt, die der Pädagoge zu berücksichtigen haben wird.

Diese Erkenntnis gilt nicht nur für den Musiker, sie gilt ebenso für die bildende Kunst; Maler und Bildhauer sollten sich *endlich* einmal darüber Rechenschaft geben, in welchem Zusammenhang *Gestaltung mit der eigenen Gestalt* steht. Nietzsche spricht vom „horchenden Ohr in den Gliedern". Phantasie, Denken und organische Empfindungen, sie müssen insgesamt zu ihrem Rechte kommen, wollen wir den „ganzen Menschen" (Ernst Schweninger) im *organologischen* Aufbau erfassen.

Der Dirigent in seiner Aufrechtstellung, im bewußten Empfindungszustand der Erwartung: die Halswirbelsäule richtet sich aufwärts gegen das Gewicht des Kopfes, — der Boden heftet sich gegen die Fußsohle, — das fern tastend Geschaute rückstrebt zum Auge; weich empfundene Kniekehle, die sich abflachenden Schläfen, um den Unterkiefer für die Sprache freizugeben ...

Feinfühlig schreibt Max Trapp im „Vom Sinn des Körpers": „Wenn man die Menschen auf ihr Verhältnis zueinander ansieht, so wird man feststellen, daß sie ein gewisses „Einssein" zusammenführt und zusammenhält, nicht wie behauptet wird, ein „gemeinsames Interesse", ein gemeinsames Fach, eine gemeinsame Arbeit. Dieses „Einssein" zweier oder mehrerer Menschen haben wir tief im Körperlichen zu suchen. Es ist etwas Geistiges und Körperliches zugleich, es ist das Bewußtwerden des Eros, die schon sehende Sehnsucht; ich möchte es den Sinn des Körpers nennen; er gibt dem Körper die Notwendigkeit des Bestehens; er ist die Kraft von Mensch zu Mensch; er trägt den Glauben zum Guten in sich".

Ein ägyptisches Morgengebet, das dem Herrscher Echnaton dargebracht wurde, lautet: „Dein Leib ist das Sonnenlicht; deine Glieder sind die herrlichen Strahlen. Wahrlich, Du bist aus der Sonne hervorgegangen, wie das Kind aus dem Mutterleibe".

Momme Niessen, der Freund Langbehn's („Rembrandt als Erzieher") schreibt in seinem „Bekenntnisbuch": „In deinem Leib sollst du deine Seele in geheimer Wechselbeziehung zu ihm ausbilden und als ganzer Mensch zur Vollendung kommen".

A. M. Curtis schreibt in ihrem Werk: „Versenkung und Heilung": „Wir haben in der Illusion gelebt, daß die Seele an sich geistig sei, aber durch ihr irdisches, materielles Gehäuse hinuntergezogen und gefesselt wurde. Jetzt und hier in diesem unseren sterblichen Leib sollen wir die Auferstehung und das Leben vollziehen, das uns allein die Unsterblichkeit eines dauernden Bewußtseins verleihen kann".

Und Thomas von Aquin schreibt tiefsinnig: „Mehr als die vom Leib getrennte Seele ist die mit dem Leibe verbundene Seele Gott ähnlich, weil sie auf vollkommenere Weise ihre Natur besitzt."

Nietzsche spricht von der „großen Vernunft des Leibes" und Novalis führt in einem seiner zahlreichen Fragmente aus: „Auf die Welt soll und will ich im ganzen nicht willkürlich wirken, dafür habe ich den Körper. Durch Modifikation meines Körpers modifiziere ich mir meine Welt."

Und fügen wir gelassen hinzu, auch die Werkgestaltung.

Die Grundlage einer Kritik.

Berichterstattung und Kritik sind eine scharf voneinander zu trennende Einstellung dem geistigen Schaffen, dem gestaltenden und interpretierenden Künstler gegenüber. Für den Leser einer Zeitung oder einer Zeitschrift ist es von Bedeutung, daß er sich vergewissert, ob über eine Darbietung, ganz gleich welcher Art, berichtet oder kritisiert wird. Eine journalistische Berichterstattung kann anscheinend auch kritische Einwände haben, wenn etwa Vergleiche mit anderen Persönlichkeiten herangezogen und Sachkenntnisse mit einbezogen werden; eine andere Aufgabe obliegt dem schöpferischen Kritiker, der nicht nur Sachkenner auf dem in Frage kommenden Gebiet zu sein hat, der nicht nur die jeweiligen Zeitströmungen erfaßt, sondern darüber hinaus aus eigener Schau *Richtlinien der kommenden* Auseinandersetzungen für den Gestaltenden oder Ausübenden vorzeichnet.
Der Kritiker schreibt vor allen Dingen für den Künstler. Das Publikum interessiert sich nur insofern für eine „Besprechung", als es sich bestätigt fühlt oder zur Ablehnung gereizt wird, da es von vornherein ein „Besserwisser" ist und seine Minderwertigkeitskomplexe auskompensiert.
Man vergegenwärtigte sich, welchen Einfluß namhafte Kritiker, wie u. a. Georg Brandes, Gregoiewitsch Bellinskij — der Letztgenannte besonders in Bezug auf Dostojewskji — auf die damaligen geistigen Zeitströmungen und darüber hinaus auf repräsentative Geister ausübten. Wenn H. H. Stuckenschmidt, ein bedeutender neuzeitlicher Kritiker, vom Zerfall der Kritik spricht, so mit vollstem Recht. Es ist ein besonderes Verdienst von Stuckenschmidt, auf die Persönlichkeit hinzuweisen.
Die erkenntniskritische Einstellung beispielsweise Kants war die Grundlage für eine neue geistige Einstellung gegenüber den philosophischen Problemen, die mit dem Begriff „Transzendentalphilosophie" zusammengefaßt werden. Kant selbst überwölbte

zwei im Abendland gespaltene Geistesrichtungen, den Empirismus Lockes und den Rationalismus Descartes. Den Beginn seines Kritizismus legte Kant in seiner „Dissertation", die er für die philosophische Fakultät mit sechsundvierzig Jahren verfaßte, nieder und es bedurfte eines zehnjährigen inneren Kampfes, bis er seine „kopernikanische" Umwälzung auf dem Gebiet begrifflicher Spekulation in der „Kritik der reinen Vernunft", die in Riga bei Hartknoch verlegt wurde, zur Reife brachte.

Es braucht aber nicht immer eine Überwölbung zu sein; Zwiespälte können auch noch mehr aufgerissen werden, wie beispiels-weise bei Dostojewskij und Heinrich von Kleist — Zwiespälte eines Robert Schumann, Risse, die ein Nietzsche in der Selbstvergottung bis zur Umnachtung zu heilen glaubte. Auch das sind Entwicklungstendenzen, die dem menschlichen Geist ins Gewissen reden. Und solche schöpferische Tendenzen geben zwangsläufig divergierenden Zeitströmungen ihre Richtlinien und bringen latente Entwicklungsbewegungen zum Ausdruck. Aus solcher Sphäre heraus hat der schöpferische Kritiker intuitiv der Persönlichkeit hilfreich zur Seite zu stehen, ihr den Weg zu ihrer Verwirklichung zu erleichtern. So wird er zum Geburtshelfer im Reiche der Über-Zeugung.

In Bezug auf die Bedeutung einer aufbauenden Kritik möchte ich auf meine Stellungnahme zum Busoni-Wettbewerb hinweisen. Ferruccio Busoni hatte die Klavierspieltechnik, wie seinerzeit Beethoven und Liszt auf eine völlig neue Ebene gehoben und zwar auf Grund einer, wenn auch noch nicht vollbewußten *organischen* Einstellung. Die wissenschaftliche Begründung der in Frage kommenden Vorgänge dieser Einstellung war mir durch eine mehr als fünf Jahrzehnte dauernde Forschungsarbeit auf *psycho*-physiologischem und anatomischem Gebiet möglich niederzulegen. Ich diente diesem Souverän des Klavierspiels als sein Schüler dadurch, daß ich meine Kritik von seiner Warte aus gesehen schrieb, um jungen Künstlern nicht nur eine Tradition zu übermitteln, sondern vielmehr den Weg zu ihrer Selbsvervollkommnung aufzuweisen.

Die psycho-somatische Einstellung des Interpreten, die nach

naturbedingten Gesetzen abläuft, ist das künftige „Einmaleins", das sich der Pädagoge anzueignen haben wird. Man hat die Tatsache entgegenzunehmen, daß sämtliche Glieder des menschlichen Muskel-Bewegungsapparates in funktioneller Beziehung zueinander stehen, Glieder, welche *willens- und empfindungsmäßig* zu erfassen sind und gegeneinander ausgespielt werden können. Da die Muskulatur *schöpfungsmäßig* angelegt ist, so hat der menschliche Geist dieser organischen Gegebenheit Rechnung zu tragen, das heißt, er hat das Unbewußte mehr und mehr in das Bewußtsein zu bringen. Tut er das, so wird sein Wirken in wissenden Zusammenhang mit der *schöpferischen organischen* Anlage gebracht und sein *Gestaltungswille*, der mit der menschlichen Gestalt in Beziehung steht, kann sich *sinngemäß* und in überzeugender Weise auswirken; Gestaltung durch Gestalt!

Das Einmaleins in der kritischen Bewertung setzt ein organisches Wissenserlebnis voraus, das die Natur dem Geist an die Hand gibt. Es gibt Gesetze im Bereich der gegliederten Gestalt, die man zu erkennen hat, um durch sie ein erhöhtes seelisch-dynamisches Können zu erreichen. Das geht nicht nur den Musiker, es geht ebenso den Maler, den Bildhauer an!

Objekt oder Subjekt sein?, das ist die Frage. Hat der Interpret seine Individualität völlig in den Hintergrund zu stellen, um sich zugunsten des Werkes quasi auszulöschen? In diesem Fall degradiert das Subjekt sich zum Objekt. Wäre das Kunstwerk eine rein mechanische Konstruktion, dem die Autonomie des Willens nicht innewohnt, dann allerdings gäbe es eine sogenannte „objektive", eine „stilreine" Wiedergabe. Der Künstler hat, wenn wir ihn als Persönlichkeit und als Genie ansprechen wollen, sich allein mit seinem Dämon auseinanderzusetzen, Zwiespälte, Schuldbewußtsein, Gewissensqualen zu überbrücken, zu überwölben; er hat sich eine Plattform zu schaffen, darauf er stehen und sich ausdrücken kann. Rhythmische Bewegung, agogische Ausschwingungen sind die Sprache des Geistes, der über allen Dingen geheimnisvoll religiös, das heißt schöpfungsgebunden sich auswirkt —, was ein Kant als Attribut des Genies bezeichnete: Originalität! Oder darf ein Interpret kein Genie sein?

Die von der Schöpfung geforderte Auseinandersetzung zwischen Innenwelt und Umwelt erhöht sich letztlich im Akt der Vermählung; die Konzeption stuft sich entwickelnd hinauf; sonst, die eigene Überzeugung auslöschend, stellt man sich auf die Ebene der Alltäglichkeit, die den Hunger der Seele unbefriedigt läßt.

Auch die Tradition ist fließender Natur. Es gab eine Zeit, da ein J. S. Bach nur staccato heruntergeklappert wurde; es gab auch eine Zeit, da man Mozart als Rokokopüppchen zu erleben glaubte. Heute hat diese Anschauung unter anderem durch den Musikologen und Mozartforscher Erich Valentin ihre begründete Zurechtweisung erhalten.

Die magische Kraft eines Künstlers besteht in der geist-seelischen Vorwegnahme eines Gemütszustandes, der allen Menschen eigen ist und wobei der Künstler auf der Ebene der eigenen Bewußtheit Objekt und Subjekt überwölbt. Das Werk des Komponisten ist ein schöpferisches Umweltgebilde, irrationalen Chrakters, mit dem der Künstler sich auseinandersetzt; das Resultat: Neugestaltung! In einem solchen Prozeß der Einverseelung und Einverleibung des Werkes im eigenen Selbst, erfährt es seine Wiedergeburt, seine Auferstehung; es ist lebendig gemacht worden durch die Über-Zeugung.

Körper und Seele bilden eine unzertrennbare Einheit, eine Gegebenheit, die heute nicht mehr zur Diskussion steht. Nicht nur der Wille, sondern auch das Denken, wie es einwandfreie Forschungsergebnisse an der Universität Heidelberg erwiesen haben, steht in *unmittelbarem* Zusammenhang mit der Muskulatur des Gesamtkörpers, wobei jeder Denkakt mit Ausschlägen von seiten der Muskelfasern registriert werden kann. Geist, Sprache und Muskulatur bilden eine seelisch-organische Einheit. In diesem Zusammenhang ist zu erwähnen, daß das Denken mit einem stummen Selbstgespräch einhergeht, also mit Anteilnahme der Sprechwerkzeuge. Intuitionen, spontane Eingebungen, welche sich unbewußt vollziehen, berühren eine andere Seite im Reiche des Erkennens. Erwähnenswert ist, daß das Handzentrum im Gehirn dem Sprachzentrum benachbart ist. Ich möchte nunmehr besonders darauf aufmerksam machen, daß das Gehörorgan in

Beziehung zum Gleichgewichtsorgan (drei Bogengänge) steht. Durch diese Bogengänge ist der Organismus in der Lage, sein labiles Gleichgewicht einzunehmen, beziehungsweise zu halten.

In Bezug auf die Tonschwingungen wird hoch und tief, fern und nah, schnell und langsam, leise und laut, Dissonanz und Konsonanz, Tonlinie und Akkord durch das Ohr wahrgenommen. Die Muskelfasern können sich all diesen Reizen, die sie mittels der Sinnesorgane von der Umwelt empfangen, nicht entziehen. Der menschliche Organismus nimmt in seiner aufrechten Stellung die Linie Nadir-Zenit ein, eine ideelle Achse, die ununterbrochen Schwankungen erleidet; denn Leben äußert sich in Bewegungsvorgängen-, jeder Atemzug verursacht Verschiebungen der Körperteile untereinander. Ununterbrochen sind Muskelkräfte tätig, um das Spiel der Bewegungen im Gleichgewicht zu halten. Also wieder sind es Empfindungen, die dem Bewußtsein zugetragen werden.

Ein Musikstück bringt durch das Ohr, das in Beziehung zum Gleichgewichtsorgan steht, den Organismus in erhöhte Schwingungserregung. Die Kunst des Musikhörens, die kritische Beurteilung einer Interpretation, geht tief im Körperlichen vor. Alle agogischen Verhältnisse, alle Verbindungen der Töne untereinander, jede Phrasierung, die eine Bewegung zum Ausdruck bringt, sie nehmen Bezug auf das Gleichgewichtsorgan. Je feiner der Ausbalancierung der Kräfte Rechnung getragen wird, um so leiblichwohliger wird es dem Zuhörer. Wenn dagegen die Einwirkungen durch das Ohr und das Auge den Organismus aus dem labilen Gleichgewichtsempfinden bringen, so löst das im kritischen Bewußtsein das Gefühl der Ungehaltenheit, das Gefühl des Unbehagens aus. Beide Fälle dienen als Grundlage für eine *instinktive* Beurteilung. Kommt jedoch zum Gleichgewicht, das den tragenden Boden abgibt, der Verinnerlichungsvorgang, das heißt die Hineinnahme des Werkes in den Bereich des *eigenen* Ausdrucksbedürfnisses hinzu, so tritt das Moment des *Ergriffenwerdens* ein. Hier ist der Überwölbungsvorgang zur Neugestaltung geist-leib-seelischer Natur.

In der Dichtkunst, um kurz anzudeuten, vollzieht sich der schöpferische Vorgang in durchaus ähnlicher Weise. Die Folge von Vokalen und Konsonanten, vom Heben und Senken der Silben-Vokale, die ihre bestimmten Verhältnisse in den Artikulationsräumen haben, Konsonanten, die Verengungen dieser Räume vornehmen —, das Ausspielen der verschiedenen Assoziationen, all das, was eine schöpferische Sprache ausmacht, geht untrennbar mit organischen Vorgängen einher, Vorgänge, die *Empfindungen* zur Auslösung bringen und mit dem Gleichgewichtssinn in Beziehung stehen.

Zusammenfassend: wird das Raumorgan (Bogengänge) von einer musikalischen Interpretation, deren agogische Ausschwingungen sich nicht im Gleichgewicht befinden, erregt, so überträgt sich das Unausgewogene unmittelbar auf den Gesamtorganismus und das kritische Bewußtsein, das sein „Ohr in den Gliedern" (Nietzsche) hat, reagiert mit einer abwehrenden Stellungnahme. Das Stimmungszentrum ist das Gewissen der Seele.

Die Psycho-Physiologie stellt sich in den Vordergrund der Betrachtung. In diesem Zusammenhang haben wir auch die tieferen Gründe für die Art des Komponierens in den verschiedenen Epochen zu suchen. Auseinandersetzungen zwischen Makrokosmos und Mikrokosmos Mensch (sie beginnen in der Renaissance und sind, wie der Geschichtsphilosoph Wilhelm Windelband ausführt, heute noch keineswegs abgeschlossen), welche geist-seelische Spannungen steigern, ziehen die Tragfähigkeit der Muskulatur in Form der *Dehnungs*-Spannung in Mitleidenschaft; die Folge ist, daß größere Bezirke des menschlichen Körpers empfindungsbewußt einbezogen werden. Weiterhin: wo der menschliche Geist im Zusammenhang mit seinen physischen Kräften den Umweltwiderstand, den Gegen-stand, dank seines *organischen* Könnens, sich selbst zu setzen vermag (Selbstsetzung des Widerstandes), sich dadurch weitgehend von der Außenführung ent-bindend, wo eine Welt durch den Mikrokosmos des eigenen Seins sich neu offenbart, Sinn und Zielsetzung des Weltwillens zum Erlebnis wird, im wahren Sinn des Wortes fleischlich aufersteht, dort wird das Ausdrucksspiel des Künstlers ein anderes; es kommt ein retrovertiertes Spiel zustande, das heißt, das Greiforgan, die

Finger, richten sich nicht nur gegen den äußeren Widerstand, sondern stehen, beziehungsweise greifen in bewußter *Empfindungsbeziehung* zum selbstgesetzten Widerstand durch Gegensatzführung der Muskelzugkräfte.

Die geist-seelische Überwölbung des einander bedingenden Gegensatzes, wie unter anderem das Subjekt-Objektverhältnis, erzeugt eine bestimmte Gemütseinstellung, die jenseits von „himmelhoch jauchzend zu Tode betrübt" steht. Leid und Freud, welche einander bedingen, verlieren auf der Überwölbungsebene ihren Tal-Berg-Charakter, man konstatiert sie, sie stehen auch im Gleichgewicht zueinander, aber man erlebt noch einen anderen Gefühlszustand, ein Distanziertsein tritt hinzu; man erlebt sich als wesenhaft im Hinblick auf eine andere Seinsebene, es ist, wie sich die Mystiker ausdrücken, ein „Abgeschiedensein". Diese Gemütseinstellung verleiht der Vortragskunst einen bestimmten Charakter; sie ist ernst, sie meidet alle Gefühlsschwankungen, sie erzeugt im Zuhörer eine gewisse „Objektivität", weil erhaben, erregt aber nicht das Herz; es ist eine Klassizität des Darüberstehens, des Überschauens.

Diese anscheinende Indifferenz in der Gestaltung kann als neuzeitlicher Stil angesprochen werden. Aber auch hier sind die agogischen und rhythmischen Ausschwingungen individuell, nur fehlt ihnen die leidenschaftliche Komponente des Seinserlebnisses. Diese Art der Lebenseinstellung ist meines Erachtens eine Übergangserscheinung. Sie wird den menschlichen Geist mählich in den ewigen Schöpfungsakt, soweit dieser dem Denken zugänglich ist, einführen. Wir werden beginnen, im Kern unseres Wesens die Schöpfungswesenheit in ihrer allgemeingültigen Prägnanz zu erleben, wie sie sich im translogischen Durchdenken der Substanz der Bewußtseinsstruktur „Attribut der Transzendenz" offenbart. Es ist die Wesenheit, die aus Liebe das Leid setzt, nach Liebe transzendiert und in der Aussöhnung den Menschen erhebt.

E. F. Sauerbruch schreibt: „Alle Bewegungen des Menschen sind, ohne daß uns dies bewußt wird, eingeübt. Der Mensch vermag das, weil sich in seinem Zentralnervensystem allmählich für jeden Handgriff ein besonderes Nervenzentrum ausbildet, das „Assoziationszentrum". Diese geheimnisvolle Befehlszentrale des Menschen liegt in der Großhirnrinde. Hier werden verschiedenartige Sinneseindrücke zur höheren Einheit zusammengefaßt. Aktiv wird das Assoziationszentrum, wenn der Mensch eine Bewegung ausführen will, dann reizt dieses Zentrum durch die Nerven die zur Bewegung nötigen Muskeln. Die einzelnen Bezirke innerhalb des großen Assoziationszentrums, die kleineren Zentren also, muß sich der Mensch erst erwerben. — Der gleiche Muskel kann zu verschiedenen Handgriffen gebraucht werden, aber sein Einsatz ist von verschiedenen Zentren abhängig. Die Nervenwellen, die zu dem Muskel gehören, können von den verschiedensten Zentren her gereizt werden."

Zu diesen Ausführungen möchte ich folgendes bemerken: wenn auch die Bewegungen des gegliederten Muskel-Bewegungsapparates in den Bezirken des Großhirns in Form von Assoziationszentren verankert sind, Zentren, die individuell zu erwerben, resp. einzubahnen sind, so besagt dies noch keineswegs, daß im Bereich des Muskel-Bewegungsapparates die *Willkür* als *Aufbauelement* in Frage kommt. Die Anschauung Sauerbruchs, daß x-beliebige Assoziationszentren zum Einsatz gelangen können, hat nur in bezug auf die Bewegung Gültigkeit, nicht aber in bezug auf die Hemmung, die *jeder* Bewegung entgegensteht, sei es die Schwerkraft, sei es der Muskelgegenspieler oder ein Gegenstand. Wird diese *Gegebenheit* nicht in Betracht gezogen, so erhalten wir kein exaktes Forschungsbild. Die Muskulatur, soweit sie dem menschlichen Willen als Gesamtkomplex untersteht, ist von Natur aus derart veranlagt, daß sie sowohl der *Bewegung*, als auch der *Hemmung Rechnung trägt, eine Anlage, die willens- und empfindungsmäßig gehandhabt werden kann.* Die schöpferische Natur ist derart angelegt, daß sie bestimmte Ziele verfolgt, die unbewußt, instinktmäßig gegeben sind. Man denke an die Anlage der Sprechwerkzeuge, unter anderem an die Artikulationsorgane und an den Kehlkopfapparat, die erst zurechtgesetzt werden mußten, ehe der menschliche Geist dieses Instrument gebrauchen konnte. Auch die Muskelbeziehungen unseres Bewegungsapparates sind nicht von ungefähr angelegt, sondern haben ihre bestimmten Anheftungen, haben ihre Form und Funktion *zweckentsprechend* erhalten. Wohl kann der menschliche Wille die Muskulatur je nach Erziehung, je nach Bedarf assoziativ ausbilden — man ist ja auch imstande, eine schädliche Gewohnheit sich anzueignen! —, worauf es aber ankommt ist, daß die Assoziationen, die man sich erwirbt, der *Voraussicht* der Natur entsprechen.

Da die Gegebenheiten, wie die der Schwerkraft und des umweltlichen Widerstandes, naturbedingt sind, so haben wir die Reaktion darauf ebenso als naturbedingt zu erfassen und sie bewußt zu machen. *Erst damit stehen wir mit der Schöpfung im Einvernehmen und kommen in die Lage, uns schöpferisch zu erheben.* Von dieser Warte aus kann das Phänomen Muskulatur in Angriff genommen werden, das dazu führt, dem menschlichen Leben *aufbauende* Erkenntnisse *zu* übermitteln. Wir werden also Assoziationszentren einzubahnen suchen, die der *ideellen* Anlage der Natur entsprechen. Das halte ich als die wichtigste, geradezu als die heilige Aufgabe der Pädagogen, nicht nur in künstlerischer Hinsicht, sondern in allgemein menschlicher Beziehung überhaupt, in körpertechnischer wie in therapeutischer Hinsicht und letztlich in praktischer Weltanschauungsbildung!

Wir sind gezwungen, der natürlichen Anlage entsprechend, die *Bewegung* von der *Arbeit* des Muskels zu unterscheiden. Der Muskel *bewegt* und er *trägt* die Teile des gegliederten Organismus. Wären die Körperteile nicht schwer, so kämen wir mit der *Bewegungs*arbeit des Muskels allein aus; doch wir sind der Erde verhaftet, sie fesselt uns durch ihre Anziehungskraft. Eben dadurch hat die Muskelsubstanz noch eine *andere* Funktion, die der *Trage*arbeit des Schwergewichtes zu übernehmen. Die *logische* Trennung und die praktische Anweisung hierzu in bezug auf den menschlichen Skelettmuskel, habe ich zum ersten Male in meinen psycho-physiologisch-anatomischen Forschungen aufgestellt und durchgeführt. Was logisch zu unterscheiden ist, ist auch biologisch, d. h. psycho-physio-logisch-anatomisch durchführbar, sonst bleibt die lebendige Substanz unseres Seins für immer verworren und widersinnig!

Da der Wille im innigen Zusammenhang mit der Muskulatur steht, die ein *Erfolgsorgan* des Willens ist, so werden wir wohl Folgendes zu unterscheiden haben, nämlich den Willen in bezug auf die *Bewegung* und den Willen in bezug auf die *Tragearbeit* des Muskels. Solange man Bewegung und Arbeit nicht trennt, *substanzlogisch* trennt, kommt man in unlösbare Konflikte, in Verkrampfungen und Hemmungen. Was dem Menschen fehlt, ist das Bewußtwerden der *empfindungsmäßigen* Arbeitseinstellung des Muskels. Unbewußt tritt diese Arbeitseinstellung und die sachgemäßen *Muskelbeziehungssetzungen* untereinander beim Wunderkind in Erscheinung; daher die gelöste Bewegungs- und Ausdrucksfreiheit.

Die Zusammenziehung des Muskels ist für die *Bewegung* allein bestimmt; ohne Verkürzung des Muskels keine Bewegung. Es geht aber nicht an, die *Bewegungs*funktion zur *Trage*funktion (hemmungsüberwindende Funktion) zu machen; diese besteht nicht in der Zusammenziehung, sondern im *Abflachen*wollen des Muskelfleisches, in einer *Dehnungs*-Spannung, die auch durch eine Gegensatzführung der Muskelzugkräfte zustande kommt. Solange das Bewegungs-Hemmungsproblem nicht zur praktischen Auswirkung gelangt, kann von einer generellen Gesundung der menschlichen Natur überhaupt nicht gesprochen werden. Solange ein Morschwerden, ein Vergilben und Versagen des Lebens triumphiert, muß man die lebendige Substanz an sich als „krank" im Sinne des noch nicht Zu-sich-Gekommenseins, des noch Unausgereiftseins ansprechen. Die Weiterentwicklung der organischen menschlichen Natur, welche aus der allein bestimmenden Führung durch das Außen herauszuheben ist, ist an den Willen des Geistes geknüpft und empfängt von dort her ihre im Einklang mit der Schöpfung stehende selbstbestimmende Zielsetzung. „Gefühl ist alles" sagt Goethe, fügen wir hinzu: Empfindung ist alles; ohne Empfindung hätten wir ja kein Kriterium für die Vorgänge, keinen Handlungsmaßstab. Diese Lebenseinstellung *zur eigenen Umwelt*, Körper-Seele genannt, ist Vorbedingung, das menschliche Leben grundtief im Sinne eines schöpferischen

Aufbaues zu erfassen. Es ist die lebende Gestalt, welche dem Geist die Gestaltungskräfte an die Hand gibt.

Ich möchte nachdrücklichst hinweisen, daß es in der geist-leibseelischen Erziehung darauf ankommt, das sensible Nervensystem durch den Muskel-Bewegungsapparat zu reizen. Diese Reizung äußert sich in Empfindungen. Es gilt, bestimmte Empfindungen auch gedankenhaft zu lokalisieren; in diesem Fall wird die jeweilige Empfindung vom Gefühl überkrönt. Der Belauschungsakt wird dabei überaus verfeinert. Empfindung und immer wieder Empfindung! Das Wissen um anatomisch-psychophysiologische Voraussetzungen für das Zustandekommen der jeweiligen Empfindungen hat sich der Pädagoge zu erwerben; dem Schüler muß beigebracht werden, an welcher Stelle diese Empfindung wachzurufen ist.

Als Grundlage für das organologische Können wäre statt einer Bewegungsgymnastik eine Empfindungsgymnastik in den Schulen einzuführen. Es gibt Gesetze im Bereich der gegliederten Gestalt, die man zu erkennen, zu erleben hat, um durch sie ein erhöhtes seelisch-dynamisches Können zu erreichen.

Kants letzter Wunsch war, eine Brücke zwischen der Physik und der Metaphysik zu schlagen. Sollte diese Überwölbung nicht an Hand der *psycho*-physiologischen Anatomie möglich sein?

Zeitströmung und Entwicklung.

Der Zeitströmung, die damals u. a. einen Schönberg, Alban Berg, Webern und Matthias Hauer hervorbrachte, lagen so viele Probleme zugrunde, daß es schwer ist, all den Gegebenheiten voll und ganz gerecht zu werden.
Für mich war jene Zeitströmung, zu Beginn des zwanzigsten Jahrhunderts, in der ich mich aktiv betätigte und mit der Mehrzahl der Avantgardisten befreundet war, ein grundlegendes Ereignis meines Lebens. Viel könnte man in Bezug auf diesen Umbruch des Bewußtseins anführen. Hermann Scherchen war einer der ersten Dirigenten, der Schönberg zur Aufführung brachte und sein immenses musikalisches Können der Arbeiterschaft in Berlin bei Tag und Nacht zur Verfügung stellte, zum Anbruch einer revolutionären Zeitströmung. Ein Schüler von mir, Eduard Erdmann, hat Alban Bergs Klaviersonate op. I erstmalig aufgeführt und sich für damalige Avantgardisten eingesetzt, so für Heinz Tiessen, dessen „Naturtrilogie" er in Berlin spielte. Klavierstücke von Erdmann habe ich dagegen in Moskau uraufgeführt. An der Zeitschrift, welche die „Novembergruppe" herausgab, der „Kunsttopf", von Alfred Gellhorn geleitet, ebenso im „Melos", den Scherchen gründete, war ich Mitarbeiter. Ein Konzert, das ich im Bauhaus in Weimar gab, brachte mich mit allen Künstlern dieses Hauses, welches unter der Leitung des Architekten Walter Gropius stand, in freundschaftliche Beziehung, so zu Kandinskij, Klee, Feininger, Gertrud Grunow und anderen. Zum Bauhaus stand auch der Begründer der „Zwölftontechnik", Matthias Hauer in Beziehung. Sein Buch „Die Zwölftontechnik" war früher erschienen als „Die Harmonielehre" von Schönberg. Hauer, in Wiener-Neustadt geboren, ist verbittert in Armut gestorben; er hat weit über tausend Werke hinterlassen. Vor Schönberg hat Hauer die panchromatische Regel verkündet. Er

schreibt: „In der atonalen Musik gibt es keine Toniken, Dominanten, Subdominanten, Stufen, Auflösungen, Konsonanzen, Dissonanzen mehr, sondern nur die zwölf Intervalle der gleichschwebenden Temperatur". Scherchen führte in Baden-Baden das Oratorium „Wandlungen" von Hauer auf. H. H. Stuckenschmidt der den Einsamen kurz vor seinem Tode aufsuchte, schreibt dazu: „Er ist der einzige lebendige Komponist, der den Betrieb verachtete, seine Armut mit Stolz trägt; er gehört zu den Männern, vor denen wir den Hut ziehen sollen."

Daß geistige Aufdeckungen von verschiedenen Repräsentanten gleichzeitig zustande kommen, dafür gibt es genügend geschichtliche Beispiele, wie u. a. die „Himmelstheorie" (Kant-Laplace's) oder die streitbaren Auseinandersetzungen zwischen Leibniz und Newton in Bezug auf die Differenzial- und Integralberechnungen (Flexion).

Ich möchte auch noch betonen, daß im Zeitalter des Umbruches nicht etwa die bildende Kunst allein voranging, sondern alle Künste zugleich; in diesem Zusammenhang erwähne ich Skrjabin, der in Petersburg die Zuhörer mit seinen Werken „maltraitierte", so, daß sie ostentativ den Konzertsaal verließen. Wladimir Vogel war, bevor er sich für Busoni entschied, Schüler von Skrjabin.

Ich schreibe diese Sätze sporadisch. Wo anfangen, wie enden? In meinem Gedächtnis wirbelt ein Kaleidoskop von Erinnerungen. Café „Größenwahn" in Berlin, in welchem sich die Avantgardisten trafen. Bevor Rudolf Steiner nach längerem Fernbleiben als schwarzgekleideter Anthroposoph in seinen Logen in Berlin unverdauliche Reden hielt, hatte er im genannten Café arme Künstler für seine Zeitschrift ausgebeutet. In der Potsdamer Straße konnte man in einer Bude, in welcher expressionistische Werke feil geboten wurden, für ein Paar Groschen einen Chagall kaufen. Dieser Laden gehörte Herwarth Walden, der einen Riecher dafür hatte und die damals ausgestellten unverkäuflichen Bilder für sich behielt. Dort stand auch ein vom expressionistischen Dichter Heynicke selbst ausgemalter Sarg. Walden, Herausgeber der Zeitschrift „Der Sturm", war geheim mit der Dichterin Else Lasker Schüler verheiratet; er ging später nach

Rußland und blieb verschwunden. Gottfried Benn, Wetterer gegen alles Bestehende und Traditionelle, allabendlich in seinem Stammlokal in der Grunewaldstraße beim großen Schoppen Bier, versunken, brütend; so saßen wir schweigend. Auf nächtlicher Parkbank schlafend, vertraute Peter Hille, der Bedürfnislose, von kosmischer Zauberstimmung beseelte Verlorenheitsgedichte dem Winde an, die aufzufinden und zu sammeln seinen Freunden beschieden war. Wer kannte nicht die mächtige Gestalt des Dichters Däubler? Wer aber kennt heute noch den genialen expressionistischen Dichter August Stramm? Wladimir Vogel hat Strophen von ihm vertont. Der Kubist Max Dungert gab ein Büchlein von ihm skizzierter Köpfe heraus, darunter von Furtwängler, Toscanini, Mussolini, die er alle mit seinem roten Kleinrennwagen aufsuchte; diese Sammlung enthielt auch meine Wenigkeit.

Unweit von Berlin, Station Thyrow (Richtung Leipzig) baute ich mir eine Villa, vom Schweizer Architekten Fritz Grimm entworfen; Wandflächen, wenig Fenster. Jedes Zimmer war von einem Expressionisten ausgemalt. Die Handwerker hatten freie Hand für ihre Ausführungen. Die Außenmauern nach Laune schwungvoll beworfen. Statt Türklinken erstmalig große Knöpfe, russischer Liegeofen aus roten Klinkern, gestreckter Balkon, — „die Badewanne", nur der Kopf des Beschauers überragte. Das kubische Blockgebäude auf einer Anhöhe, ein Föhrenwäldchen seine Umwelt, in der blauen Ferne Höhenzüge des Fläming; unsichtbar das Dörfchen Thyrow.

Meine Absicht war, eine Künstlerkolonie zu gründen. Der Staatsopernsänger Carl Clewing, Hermann Scherchen u. a. hatten sich in der Nähe angesiedelt. Scherchen unterrichtete dort eine Anzahl heute namhafter Künstler u. a. Ernst Krenek, Anni Mahler, Leo Borchardt, Jascha Horenstein.

Thyrow, eine Stätte, in der zwei geistige Quellen durch weite wogende Getreidefelder die Sehnsuchtsstille durchbrachen.

Mit dem Maler Jawlenskij war ich in Berlin oft zusammen. Kurt Goetz, kubistischer Maler, sein Bruder Bruno, Dichter, Freund Busonis. Max Pechstein, der Rauchende. Ich gedenke des Bildhauers Kurt Kroner und seines Bruders, der die führende philosophische Zeitschrift „Logos" herausgab. Rudolf Belling schuf die abstrakte Skulptur „Der Dreiklang". Unvergeßlich der Rezitator Ludwig Wüllner! Und so weiter, und so fort.

Das damalige Berlin war ein geistiges Zentrum. Heinrich Mann las im Hause des Bankiers Bleichröder seine sozialistisch aufwühlenden Romane. In der Villa am Tiergarten des Bankiers Kurt v. Schwabach spielten Hubermann, Arthur Schnabel u. a. Entzückend die Tochter des Bankiers v. Mendelssohn, ihr Bruder Francesco, Violoncellist. Der Entdecker der Relativitätstheorie und Könner auf der Geige, Albert Einstein, lebte damals in Berlin, der Kulturhistoriker Breysig, der Philosoph Alois Riehl, der Altphilologe Wilamowitz-Möllendorff. Um der Konversation eines Karl Ludwig Schleich folgen zu können, mußte man ein Lexikon im Kopfe haben. Alles Vertreter des Zeitumbruchs.

Anbruch einer revolutionären Zeitströmung: Rosa Luxemburg und Karl Liebknecht, Franz Mehring, Verfasser einer umfangreichen Karl Marx-Biographie. Vor dem ersten Weltkrieg konzertierte ich auf Veranlassung des Moskauer Konzertvereins vor etwa zweitausend Zuhörern im großen Saal des Konservatorius. Damals wurde mir die Ehrenmitgliedsschaft verliehen. Zu jener Zeit konzertierte ich in ganz Rußland und Japan und wurde bei dieser Gelegenheit auch dem jetzigen Kaiser, Hirohito, damals Kronprinz, vorgestellt.

Die Völkerwelt stand in der großen Flut eines geistigen Umbruchs, in geheimnisvoller Beziehung besonders zu Deutschland. Der deutsche Staat strebte nach einem Platz an der Sonne. Dieser „Wille zur Macht" wurde niedergerungen. Eine andere Strömung wühlte von unten her zum Licht: die sozialistische Bewegung. Die bolschewistische Erhebung wurde von Deutschland unterstützt; Lenin auf der Reise durch Deutschland. Der Zweite Weltkrieg. Der Wille zur Macht wiederum niedergerungen durch Rußland und Amerika. War es Zufall, daß Deutschland, daß eine homogene Substanz des Volksbewußtseins in zwei Teile gespalten wurde? Zufall, daß Berlin, das Herz Deutschlands, zweikammerig schlägt? Zufall, daß sich China als dritte Atommacht konstituiert, gleichsam eine Mitte im Reiche der Mächte?

Das gespaltene Deutschland ist m. E. dazu berufen, eine neue Gesellschaftsordnung vorzubereiten. Solches schrieb ich auch einem der begabtesten gegenwärtigen Staatsmänner. So stehen wir heute wieder im Kampf am Beginn eines Zeitalters überwältigenden Umbruchs inmitten der in Völker gegliederten Menschheit.

Eine *Gegensatzführung* von Kräften ist eine metaphysische Voraussetzung des sich entwickelnden Seins; zwischen einem dynamischen Nichts und dem „Bewußtsein überhaupt" wäre dieses auf eine Ebene zu heben, nicht im Sinne eines faulen synthetischen Kompromisses, sondern in der Gegensatzführung zur Vertiefung des geist-seelischen und seelisch-organischen Beziehungsverhältnisses. Es geht heute um eine *meditative* Erlebniserfassung der *Allwesenheit,* auch um eine radikale religiöse Umwertung. Es geht in sozialpolitischer Hinsicht um eine Überwölbung der kapitalistischen und bolschewistisch-kommunistisch geführten Ideologie. Von der *Völkerwesenheit* dazu ausersehen ist das gespaltene Deutschland, die an sich homogene Hemisphäre des deutschen Volkes, berufen, das Beziehungsverhältnis von Innenwelt und Umwelt auf eine Ebene zu heben, wo Gesetz und Freiheit zueinander nicht mehr in Widerspruch stehen.

Es gibt so etwas wie das Sonn-Planetensystem im Gewande der in Völker gegliederten Menschheit. Das ist keine Analogie, sondern eine schöpferische Wahrheit, die durch eine Umstrukturierung der Erde ein zukunftsfrohes Leben entstehen läßt.

Es hat den Anschein, als ob das expressionistische Kunstschaffen Ende des neunzehnten und am Beginn des zwanzigsten Jahrhunderts sich wiederhole; doch hat die damalige geistige Strömung ihre Schuldigkeit getan; sie brach die Eisdecke in kubistische Blöcke im Rausch eines Werdens.

Matthias Hauer und Anton v. Webern haben jedoch in der nun kommenden Ära Fuß gefaßt; hier steht auch Karlheinz Stockhausen. Die heutige Tendenz schöpferischen Kunstschaffens weist auf eine gefühlsbetonte *durchgeistigte Gegenständlichkeit,*

und zwar auf der Grundlage abstrakt erlebter Gegensatzführung translogischer Konzeption. Gegenständlich deshalb, weil das *Überbewußtsein* dem logisch kategorialen Denken gegenüber nicht transzendental ausgerichtet ist, vielmehr das Sein noumenal erschließt und das Erscheinende als Gegen-stand des persönlichen Selbsts in seiner Unvergänglichkeit erlebt.
Anton v. Webern, Variationen op. 30: Gestirne über sich selbst hinaus. Wahrheit denkend erfühlt, translogisch gestaltete Musik-Offenbarung; kosmische Konzentration; Harfentöne-Intervalle zum Thema erlösender Liebe durch ewige Opferung; sublime Schönheit.

III. Teil

Überleitung.

Galt der erste Teil meiner Arbeit Busoni, einer Persönlichkeit, die charaktervoll dazu berufen war, zwei völkerpsychische Substanzen in ihrer Mentalität zu überwölben, zwei Rotationsachsen Rechnung tragend, so ergab es sich zwangsläufig, nachdem ich im zweiten Teil der Arbeit, Gestaltung durch Gestalt, die wissenschaftlich fundierte seelisch-körperliche Einstellung über Busoni hinaus klarlegte, nunmehr im dritten Teil den Busoni-Wettbewerb unter die Lupe zu nehmen und die Kandidaten immer wieder auf die *psycho*-physiologischen Gegebenheiten aufmerksam zu machen, die es Busoni *erst* mit 42 Jahren, trotzdem er ein Wunderkind war, ermöglichten, seine *eigene* Ausdruckswelt im Zusammenhang mit der in Frage kommenden geistigen Werkumwelt gestalten zu können. Die heute übertragenen Spielplattenaufnahmen von Busoni stammen aus einer Zeit *vor* seinem organischen Erlebnis; die Platten wurden außerdem von einem Mignon-Apparat übernommen.

Es gilt, den jungen Künstlern den Weg zu ihrem *eigenen* Wesenskern aufzuzeigen, Hinweise zu geben, die eine schulmeisterliche Bewertung nicht imstande ist, und die auch in der Beurteilung gar nicht zur Diskussion steht. Einige Kritiken habe ich deshalb genommen, weil sie in pädagogischer Hinsicht Aussagendes enthalten und außerdem geben sie einen Begriff, wie außerhalb des Musikalischen das Technische in *psycho-organischer* Beziehung in eine Kritik einzubeziehen wäre.

Es geht eben nicht nur um die Erfassung einer spieltechnischen Einstellung, um die Zusammenfassung mehrerer Rotationsachsen des gegliederten menschlichen Skelettes, sondern um dessen Umfleischung, um eine Welt von *Empfindungen,* also um eine erotische Welt, eine Liebeswelt, welche die Grundlage abgibt, dem Bedürfnis des Um-sich-selbst-drehens, das heißt, dem Selbsterhaltungstrieb als Rotationsachse gedacht, seine *Über-Zeugung* zu ermöglichen.

Ich glaube mit diesen Sätzen den Sinn meiner Arbeit umrissen zu haben. Ich muß an dieser Stelle betonen, daß es sich nicht um etwas Verlorengegangenes handelt, das zurück zu erobern ist, sondern um die Aufdeckung eines schöpferischen Planes, welchen die *Naturwesenheit* in die menschliche Gestalt eingestaltet hat, eine Anlage zum Sprung (Mutation) zur Selbstvervollkommnung.

Busoni-Wettbewerb.

Der Busoni-Wettbewerb ist ein Ereignis auf dem Gebiet der zahlreichen Wettbewerbe, weil Busoni in der Geschichte des Klavierspiels eine neue Ära der technischen Behandlung einleitete, ähnlich einem Liszt, Chopin und weiter zurück Beethoven. Ja, die organisch-technische Einstellung dem Instrument gegenüber steht in engstem Zusammenhang mit der Kompositionsart.

Es war ein großer Verdienst Cesare Nordios, einem Bewunderer Busonischer Interpretation, diesen Wettbewerb ins Leben gerufen zu haben, eine Institution von globaler Bedeutung.

Der an mich ergangenen Aufforderung, die Teilnehmer im Busoni-Wettbewerb unter die Lupe zu nehmen, folge ich auch in diesem Jahre mit wohlgesinnter Erwartung. Bei Busoni handelt es sich um ein gestaltendes Können, bei dem biologisch gesehen, die Musikalität mit einer bestimmten körperlichen Einstellung im Zusammenhang steht, eine Koordination, welche allgemeine Gültigkeit beansprucht. Denn die *psycho*-organischen Gegebenheiten sind nicht individueller Natur, sondern sind nach ewigen Gesetzen zielstrebig angelegt. Busoni war der erste neuzeitliche Virtuose, der, wenn auch nicht vollbewußt, die *organische* Einstellung *empfindungsmäßig* wachhielt und als *Dominante* des tonkünstlerischen Könnens zum Ausdruck brachte.

Die etwa auftauchende Frage, ob man befugt ist, eine solche universelle berichterstattende Kritik zu geben, kann mit der Antwort gerechtfertigt werden, daß es sich nicht um eine „Methode" handelt, sondern um *psycho*-physiologisch-anatomische *Gegebenheiten*, welche die Natur, wie bereits gesagt, dem menschlichen Geist zur Selbstvervollkommnung an die Hand gibt. Diese Gegebenheiten waren aufzudecken und keineswegs *persönlich* zu erfinden!

Bei der Abfassung von Artikeln über den Busoni-Wettbewerb handelt es sich bei mir, als Schüler Busonis und als Forscher auf *psycho*-physiologisch-anatomischen Gebiet, um eine prinzipielle Einstellung, sowohl den Kandidaten als auch der Jury eines *solchen* Wettbewerbes gegenüber. Wenn ich diesen Wettbewerb mit offenem Auge und Ohr überwache, so tue ich es im Wunsche der in Schweden verstorbenen Frau Gerda Busoni, tue es im Namen verstorbener und lebender Freunde, die die unvergleichliche Meisterschaft Busonis bewunderten und tue es letztlich in liebevollem verpflichtendem Verständnis seines Wesens und seines Könnens.

Wenn man eine Institution auf den Namen Busoni ins Leben ruft, so sollte meines Erachtens, über die Ehrung dieses Meisters hinausgehend, der Versuch gemacht werden, die Bewertung im Sinne Busonis, soweit es geht, vorzunehmen; diese Institution sollte sich zugleich eine *erzieherische* Aufgabe stellen. Nun aber sitzen in der Körperschaft Vertreter ihres Faches, die wenig, wenn überhaupt eine Ahnung von Busonis Spiel haben.

Das Kunstwerk als eine vermenschlichte Alleinheitlichkeit kreist nicht nur im Blute des Menschen — „Blut, ein besonderer Saft" (Goethe) —, im Nervensystem und in der Gefühlssphäre der Charakterstruktur, sondern ebenso im Erleben des eigenen von Willen und Empfindung durchfluteten körperlichen Bewegungsapparates. Je bewußter der dynamische Ausdrucksrhythmus in seiner Leidenschaftlichkeit — die Magie der Gestaltung — um so überzeugender das Verhältnis des Künstlers zur Schöpfungswesenheit, die als Umwelt in ihm „Im Inneren ist ein Universum auch" (Goethe) sich offenbart. „Genie ist die angeborene Gemütsanlage, durch welche die *Natur* der Kunst die Regel gibt" (Kant).

Ich habe mich entschlossen, *psycho*-physiologisch-anatomische Gegebenheiten jenen Kandidaten zu übermitteln, die sich bereits bemühen, ihre Ohren in Beziehung zu den Tastorganen der Finger zu bringen. Manche der Studierenden sind bereits in dieser Beziehung hellhörig geworden und manche Lehrkräfte deutscher Musikhochschulen haben mir ihre große Unzufriedenheit mit dem gangbaren Unterricht mitgeteilt.

Die Morgenröte einer neuen Zeit, sie versichtbart sich, die „fröhliche Wissenschaft" nach Nietzsche, fröhlich, weil sie den trägen, durchschnittlichen und gebrechlichen Glauben einer Herde erschüttert. Durchschnittlich der Mensch, in dem seine ihm eingeborene Innenwelt überkreuzt wird, wo er nicht dem Ruf zum erhöhten übersoziologischen Bewußtseinszustand Folge leistet, ein Ruf, der quellgründig in der Umwelt selbst agiert, auch wenn sie diesem Werden eine Hemmung setzt, unbewußt die Feuertaufe beschwörend. Trotz Irritabilität, Unzufriedenheit, trotz schwankender Entschlüsse oder Gleichgültigkeit, durchschneidet das alltägliche, manipulierte Kompromißleben den Bleichsüchtigen, veranlaßt von der Konstitution des Staates und der Gesellschaft. Man trägt sein Kreuz, das Vertikale mit dem Horizontalen, ohne aufzuerstehen; ein Halbheitlicher, der an der Oberfläche verunreinigter Überlieferungsgewässer getragen und fortgeschwemmt wird.

Ja, auch die Erde beschwert das Leben und zieht es nieder, vom Gewissen der Schöpfung dazu bestimmt, durch eine eigene Gegensatzführung der in Frage kommenden Kräfte, die zwischen Umwelt und Innenwelt obwalten, sich selbst einen Widerstand zu setzen, um sich aufzurichten. Sich von der Außenbindung durch Selbstbindung — Selbstsetzung des Widerstandes — zu ent-binden, heißt seine Urteilskraft dem Schöpfungsgewissen ein- und unterordnen, heißt in der Über-Zeugung leben, heißt auf dem Seil im Zirkus des Lebens sich selbst auszubalancieren „... da seht, wie er es kann"!, jedoch unter dem Seil steht der Clown, der den Wagenden begrinst. Das gilt nicht nur für den Einzelnen, es gilt ebenso für ein Volk, welches im Staatswesen sich für eine künftige Erhebung zu einem parteilosen, undemokratischen, *homogenen* Gemeinschaftsbewußtsein zu manifestieren sucht; zu einer Kreation, zu der die heutige studierende Jugend aufzurufen ist!

Meine Absicht besteht darin, eine Kritik nicht nur vom rein musikalischen Standpunkt aus vorzunehmen, soweit das überhaupt möglich ist, sondern, wie bereits ausgeführt, vom *Organischen* her den Interpreten zu erfassen.

Zahlreiche Anerkennungen von führenden Pädagogen bestärkten

mich in meinem Vorhaben. Leo Kestenberg, ein international anerkannter Pädagoge, Freund und Schüler Ferruccio Busonis, schrieb mir u. a.: „Seit langer, langer Zeit hat nichts einen so tiefen und erschütternden Eindruck auf mich gemacht, wie Ihre Besprechung über den Busoni-Wettbewerb, nicht nur, weil Sie das überzeugendste und klarste Verständnis für das Klavierspiel im allgemeinen mit großartiger Prägnanz bekunden, sondern weil Sie dem Geist Busonis und seiner künstlerischen Persönlichkeit nahe gekommen sind. Ja, ich muß gestehen, daß Sie mir der erste Busonischüler zu sein scheinen, der sein großes Erbe geistig verwaltet und in einem produktiven Sinne weiterführt. Aber was bei Busoni rein ästhetisches l'art pour l'art war, das ist bei Ihnen auf eine hohe philosophische Ebene gesteigert."

Ein gefällig mit blühenden und großblätterigen Topfpflanzen geschmückter Rand des Podiums. Im Vordergrund die silbernen und bronzenen Röhren ihrer königlichen Hoheit, der Orgel. An der Podiumstür ein lorbeerartiges Bäumchen, das seine biegsamen Äste in verbeugter Haltung den kommenden und gehenden Kandidaten zuneigt. Zwei Flügel verschiedener Firmen, schwarzfrackig, elfenbeinerne Tastaturzähne. Es ist Stimmung im geräumigen Konzertsaal des Bozner Konservatoriums!

Erfreulich, daß sich die Jury im Hintergrund des Saales, in die linke Ecke plaziert hat, eine vortreffliche Einführung, damit die Kandidaten nicht geblendet werden. Die Frage steht allerdings offen, ob die nicht flügge gewordenen Töne dahin gelangen, ob die ab und zu unter den Flügel fallenden Töne vernommen werden. Dennoch sollte man nicht nur mit den Ohren, sondern zugleich mit den Augen hören, nicht nur mit den Augen sehen, sondern mit dem Himmel des Bewußtseins in der Über-Zeugung das Sein erleben.

Zu begrüßen ist, daß Michelangeli wieder der Jury beiwohnt. Und wieder drängt sich die Frage auf, wie ein übereinstimmendes Urteil zustande kommen kann, wo so viele Vertreter des Klavierspiels beisammen sitzen. Die hervorragende klavieristische Einstellung Michelangelis, einer Persönlichkeit, die lobenswert ihren Weg geht und unermüdlich sich weiter in Probleme vertieft, muß unwillkürlich in ihrer Beurteilung einen anderen Wertmesser an das Dargebotene anlegen, als eine üblich schulmeisterliche Einstellung, weil die Auffassung eines Werkes auf das engste mit einer körpertechnischen Einstellung zusammenhängt.

Aus der Verschiedenheit der Beurteilung ergibt sich von vornherein eine Diskrepanz, die höchstens einem gediegenen Durchschnitt zugute kommt. Ober haben wir eine soziologische Clique vor uns, die das kulturelle Alltäglichkeitsniveau im voraus bestimmt und Persönlichkeiten ausschließt? Busoni befürwortete allein die Persönlichkeit! Ein Busoni-Wettbewerb?

Nicht nur das!, ein Deutscher, ein Russe, ein Italiener, ein Südamerikaner, ein Japaner und so weiter haben ihre Mentalität, ihre seelischen Werte, die sie zum Ausdruck bringen und gestalten müssen. Oder aber ist man bestrebt, einen willfährigen Massekünstler zu züchten, mit dem leicht umzugehen ist und den man nicht zu fürchten braucht?

Meines Erachtens sollten in einer Jury weniger ausübende Größen und noch weniger „Pädagogen" vertreten sein. Wie sollten, ja, wie können große Künstler und erfahrene Erzieher aus ihrer eigenen Haut herausschlüpfen?, und nur höchst selten findet eine Metamorphose in geist-wissender Beziehung statt. Auch dürften keine Kandidaten zugelassen werden, die bei einem der anwesenden Juroren studiert haben. Wir leben noch im Reich des „Menschlich allzu Menschlichen". Schließlich sollten Wettbewerbe kein Schülerfang für Pädagogen sein.

Nach welchen Maßstäben soll geurteilt werden? Nach der musikalischen Auffassung? Nach mehr oder weniger überliefertem Wissen oder nach der Kenntnisnahme von Schallplatten, die jeden Schüler verunpersönlichen? Melodik und Harmonik, verwillentliche Schwere und Dauer im zeitlichen Ablauf, Agogik und polyrhythmisch eigenwillige Herausarbeitung kontrapunktischer Einfälle, die oft *spontan* aufleuchten und beglücken, all das hat mit Takt so gut wie gar nichts zu tun; Rhythmus verlangt inhaltragende, morphologische Vielgestaltigkeit im *charakterlichen* Können, ein In- und Durcheinanderfließen von Strömungen musikalischer Struktur, Phantasiereichtum und gefühlsgeschwängerte Lebenseinstellung. Nie kann der Rhythmus im Takt aufgehen, nur die Soldaten marschieren bei Pauken und Trompeten.

Man kann aber auch den Wunsch äußern, daß beim *Busoni*-Wettbewerb auf die Persönlichkeitsinterpretation Wert gelegt wird. Gerade in der heutigen Zeit benötigen wir mehr denn je Persönlichkeiten, um einer Vermassung entgegenzuwirken.

Eine Jury unterliegt psychologisch gesehen, *unkontrollierbaren Einflüssen,* welche in der Massenseele wurzeln, und ist darum nicht in der Lage, Persönlichkeiten zu bewerten. Das Urteil gründet sich hier auf das bedruckte Notenpapier, auf die aufgeschriebenen Begriffe; die Substanz des Begriffes, die eine kleine Welt für sich bildet, die Substanz einer musikalischen Phrase aber bleibt unerschöpft im Geiste, im Hinblick auf den schöpferischen wie auf den gestaltenden Künstler. Es ist der beschränkte Schulmeister, der die geschriebenen Werte mit beweglichen Ohren verfolgt. Das durchschnittliche Können steht heute bereits auf hoher Ebene. Die Aufgabe ist, Persönlichkeiten zu unterstützen und diese zu fördern. Ich füge noch hinzu, kann eine Jury überhaupt begeisterungsfähig sein?

Ich habe des öfteren in Erwägung gezogen, daß es in künstlerischer Beziehung angebrachter wäre, in erster Linie *Musikwissenschaftler* zur Beurteilung heranzuziehen, die zugleich ihr Urteil zu *begründen* hätten. In diesem Fall würde Vergangenheit und Zukunft im Sinne einer *Entwicklung* zu kennzeichnen sein. Durch Gegenüberstellung verschiedener Epochen werden im Laufe der Geschichte, auch in der des musikalischen Schaffens und der Interpretation, neue Aspekte versichtbart. Diese aufzuzeigen wäre im Sinne Busonis gewesen! Ein Georg Brandes in Bezug auf Strindberg, ein Wissarion Bjelinskij in Bezug auf Dostojewskij, ein Konstantin Stanislawskij waren auf ihrem Gebiet *mitbestimmende* Faktoren für eine Entwicklung im Bereich einer schöpferischen Auseinandersetzung. Wie anders stellt man sich beispielsweise heute Bach gegenüber, wie das der Musikologe Walter F. Hindermann in eingehendsten Untersuchungen und Auseinandersetzungen dargestellt hat. Und wie elend langweilig waren seinerzeit die Vorlesungen von Hugo Riemann, wie unlebendig abgezirkelt seine Bachausgabe.

Die Jury als demokratische Institution reicht meines Erachtens überhaupt nicht hin, einen Künstler zu bewerten, zumal beim Busoni-Wettbewerb. Um den Charakter der Jury als Gemeinschaftsgebilde zu lockern, wäre der Vorschlag zu machen, daß dem jeweiligen Präsidenten der Jury seine autoritäre, letztlich entscheidende Stimme zugesprochen werden sollte. Eine solche Aufspaltung zwischen Umwelt und Innenwelt hätte eine größere Chance, eine *Persönlichkeitsnote* in die Bewertung einzubauen, wobei Mut und Selbstverantwortung zum Einsatz gelangen. Der einzelne hat a priori immer eine tiefere Einsicht als eine Korporation. Viele Augen und Ohren sehen und hören weniger, beziehungsweise vermaterialisierter. Auch in der Partei hat der Obmann individuelles Führerrecht. Ein einzelner hat nun einmal etwas mehr im Kopf und im Herzen als eine Masse. Die von Aristoteles angegebenen Kategorien u. a. von Qualität und Quantität bedingen einander hinsichtlich der Gegensatzführung. Es entspricht den Verhältnissen, daß eine eigenwillige Einzelkritik nur eine Zwiesprache von Mensch zu Mensch sein kann, die einer anderen geist-seelischen Ebene zugehört; jedenfalls stehen sich hier Innenwelt gegen Innenwelt gegenüber. Anders, wenn zu dieser innenweltlichen Auseinandersetzung ein Dritter, ein Vierter und gar noch eine geheiligte Zwölfzahl hinzukommt, die sich miteinander unterhalten und naturbedingt schon eine Umwelt bilden. Wie weit eine solche „Umwelt" befähigt ist, objektiv zu sein, bleibe als eine zu überdenkende Frage dahingestellt. Eine Wissenschaft darüber gibt es noch nicht. Unfähig Punkte zu notieren, halte ich meinen Meistern Ferruccio Busoni und Conrad Ansorge die Treue.

Heute werden die drei Bühnenwerke von Bartok im Stadttheater Budapest bei anhaltend ausverkauftem Hause aufgeführt. Bartok, der voller Hoffnung seine Oper „Blaubart" den „Richtern" eines Wettbewerbes einsandte, wurde damals glattweg abgelehnt. Bartok schrieb an seine Mutter: „Ich prophezeie, daß diese seelische Einsamkeit mein Schicksal sein wird."

Wie allzu oft irren sich nicht nur Beamtenmusiker ... die Jury des Burgtheaters in Wien stellte seinerzeit dem Schauspieler Alexander Moissi folgendes Zeugnis aus: „Dem Hilfskomparsen Alexander Moissi wird seine Untauglichkeit als Schauspieler bescheinigt."

Da alles irdische Leben vorübergeht, alle Erscheinungen und Institutionen, so bleibt dem Überlebenden nur eine Idee übrig, die sich darin äußert, dem Gesetz der Bedingung, das sich im Werden durch Ausbalancierung der sich manifestierenden Erscheinungskräfte aufrecht erhält, einen Daseinsboden zu geben, der in sich gefestigt dem einzelnen durch einen Staatsvertrag eine Sicherung zu bieten vermag; gesichert nicht dadurch, daß das Staatswesen ihn versklavt, sondern ihm soviel freie Zeit läßt, daß er nach eigenem Ermessen seinen ihm innewohnenden Bedürfnissen nachkommen und sie zur Entfaltung bringen kann. Eine solche Idee ist keine Utopie, sie ist die Kernforderung des menschlichen Wesens, die Ewigkeitswerte involviert. Franz Schubert schreibt: „Mich sollte der Staat erhalten, ich bin zu nichts gut als Musik zu schreiben."

Dem wahren Künstler kommt es vor allen Dingen darauf an, sich in seinem Selbstgewissen zu verankern, um erlebnistief selbstverantwortlich zu bleiben. Seine Ehrlichkeit wird immer ein ihn bestätigendes Publikum finden, das mit Gemüt und Schöpfungsweh sich dem Stimmungszauber einer Gestalt hingibt; es wird einfach ergriffen. Die Variabilität, das Irrationale des Ausdruckes ist unermeßlich.

Es ist nur zu hoffen, daß mählich alle reklamehaften Wettbewerb-Geschäfte hinfällig werden, daß die unwürdigen Institutionen der geschäftstüchtigen Welt mitsamt den ebenso amerikanischen Test-Attesten einer Vergangenheit angehören.

Meine Kritik gilt der Jury als solcher, selbstverständlich nicht den einzelnen Juroren. Wie hätte ich das Recht dazu, zumal ich den einzelnen weder kenne noch gehört habe. Im speziellen jedoch beantworte ich meine Einstellung in einem offenen Brief:

Ich bin keineswegs weniger überzeugt von der Notwendigkeit eines sachlichen Wissens als die Herren Juroren, die dank *ihrer* Erziehung, *ihrer* Erfahrungen, *ihrer* nationalen Herkunft, die charakterlich nicht zu verwischen ist, und dank ihrer Richtlinien ihr Pro und Contra in der jeweiligen Beurteilung einsetzen. Denn gäbe es ein Einmaleins in der Beurteilung, so brauchten wir keine Jury.

Ich habe, um einen Ausweg aus einem solchen soziologischen Konglomerat zu finden, bereits den Vorschlag gemacht, dem jeweiligen Präsidenten einer Jury, der *naturbedingt* eine besondere Stellung einnimmt, nachdem er die verschiedenen Meinungen sich angehört hat, das letzte führende und mutige Urteil zu überlassen.

Die Punktierung ist insofern subjektiv, weil sie vom Subjekt notiert wird. Auch wenn ein solches Punktsystem gesetzkräftig konstituiert wäre, bleibt es ein subjektives Objektgebilde, weil, je nachdem wie die Gesellschaft formiert ist, Neuerungen den Rechtsbegriffen unterliegen. Geschichtsbeispiele brauche ich wohl nicht anzuführen. Der einzelne Mensch steht jedoch als Beurteiler außerhalb der Umweltkategorie, die als „Masse" fungiert, und nur der Kampf einer Persönlichkeit in Bezug auf die Umweltmasse ist imstande, eine Entwicklung einzuleiten. Als einzelner wäre die Stellungnahme zum anderen einzelnen eine ganz andere, vorausgesetzt, daß jeder Partner auf gleicher geistiger Wissensebene schöpferisch seine Position einnimmt.

Je umsichtiger und vielseitiger man eine Jury zusammenzusetzen versucht, umso ungleicher und *durchschnittlicher* wird das Resultat *zwangsläufig* ausfallen müssen. Nur ähnliche Charakterstrukturen könnten hinsichtlich einer *Erziehungsnorm* einwirken, wenn die Strukturen *gemeinsam auf Kommendes* gerichtet wären. Das ist meine persönliche Auffassung.

Gewiß, Busoni ist als Virtuose eine einmalige Eerscheinung, so wie es Bach, Beethoven und Liszt waren, alles Bahnbrecher in klavieristischer Beziehung, die zu ihren Lebzeiten hauptsächlich als Virtuosen gefeiert wurden. Diese repräsentativen Geister haben *Richtlinien* in der Entwicklung vorgezeichnet, die pflichtmäßig einzuschlagen wären, um das Ausdruckskönnen zu erhöhen; das gebietet die jeweilige Zeitströmung.

Wenn ein Klavierlehrer von „anno dazumal" etwa lehrt, mit krummen Fingern auf die Tasten zu klappern, wobei der Minimax (Keinfinger) verzweifelt bewegt nach Luft schnappt, so hat eine *solche* klavieristische Einstellung zum interpretierenden Werk eine ganz bestimmte, musikalisch mißdeutende Gestaltung zur Folge, die Busoni mit seiner unvergleichlich phänomenalen *andersgearteten* klavieristischen Einstellung durchbrach. Arthur Rubinstein schreibt: „Busoni war ein Genie. Sein Klavier klang wie ein Zauberkasten. *Auch heute würde er uns alle schlagen*".

Und so weiter, und so weiter!, ich möchte hinzufügen, daß Busoni, wenn er aus dem Reich des Firmamentes niederstiege und vermummt sich der Jury eines Wettbewerbes stellte, der obendrein noch seinen Namen trägt, er *vielleicht* bis zur ersten Prüfung zugelassen würde.

Das allgemeine Niveau der Bewerber, bis auf wenige Künstler ist äußerst mittelmäßig. Ich führe das Versagen der Talente auf die einseitige fingertechnische Einstellung zurück. Das Versagen der Pädagogen trägt hier die Hauptschuld, und wenn es so weiter geht, werden diese eine künstlerische Entwicklung unterbinden. Es fehlen den Pädagogen *sachliche* Erkenntnisse; es wird mit *persönlichen* Anschauungen laboriert, ohne dem Schüler Selbstkontrolle und Selbstführung zu vermitteln. Kann das durch den Etüdenkram erreicht werden? Gibt die Etüde an, wie sie technisch gespielt werden muß? Ohne wissenschaftliches Fundament ist jedes Urteil willkürlich, dillettantisch und anmaßend. Nur auf der Grundlage einer wissenschaftlich fundierten Pädagogik, das heißt, wenn die technischen Voraussetzungen aufgrund der naturgegebenen *allgemeingültigen* Anlagen erfüllt sind, wird es einmal möglich sein, ein sachgemäßes Urteil zu fällen.

Daß man Wert auf die Ausbildung der Fingertechnik legt, ist selbstverständlich, aber zu meinen, daß nur die gekrümmten Finger Voraussetzung zur Beherrschung derselben sind, ja, das muß dann *wissenschaftlich* erklärt werden können; Erfahrung allein ist hier zu wenig. Geist, Seele, Körper, alle diese Gebiete stellen ein gegliedertes System dar; diesem System gerecht zu werden, um eine Ganzheitlichkeit erlebend zum Ausdruck zu bringen, ist die Voraussetzung für eine Persönlichkeitsgestaltung und für das Persönlichkeitserlebnis als Welt im Kleinen, die der Mensch nun einmal ist! Statt dessen trainiert man die Finger, einen kleinen Teil des ganzen Menschen, und nicht nur das, sondern bemüht sich obendrein das *funktionelle Verhältnis* der vier dreigliedrigen Finger zu unterbinden, sie als „Hämmerchen" zu mechanisieren!

Den Ton in seiner Qualität zu bestimmen, gehört ebenso zur Erziehung. Es ist Sache des Pädagogen zu wissen, wie ein durchdringender Anschlag zu erreichen ist und worin er besteht. Die Qualität, die Tragekraft des Tones ist unmittelbar verbunden mit einer bestimmten Einstellung des Körpers. Daß der Anschlag am Klavier nicht zu qualifizieren wäre, weil die Mechanik des Instrumentes festgelegt ist, ist völlig unhaltbar. Der große englische Pädagoge deutscher Herkunft, Tobias Matthay, hat in seinem Werk „Act of touche" im Jahre 1905 exakt klargestellt, daß trotz der Mechanik des Klaviers nur *eine* Stelle offen sei, durch die eine Beeinflussung des Tones stattfinden kann. Margit Varro, Schülerin eines Lisztschülers A. Szendys, führt in ihrer Schrift „Der lebendige Klavierunterricht" in Bezug auf Matthays Feststellungen aus: „Wie wir sehen, ist im Ablauf dieser mechanischen Vorgänge alles gegeben, nur eines nicht: die Geschwindigkeit, mit der der Hammer seinen Weg zurücklegt, das ist die Stärke, mit der er an die Saiten anschlägt. Hieraus folgt, daß der *Hammerwiderstands-Punkt* der einzige Punkt ist, an dem wir auf die Stärke, Art (Qualität) und Farbe des Tones Einfluß ausüben können. Das Schicksal des Tones entscheidet sich am Hammerwiderstands-Punkt, das heißt: all das, was geschehen soll, um dem Tone die gewünschte Kraft und Farbe zu geben, hat in dem Moment einzutreten, wo der Tasthebel diesen Punkt passiert. Alles Hin- und Herbewegen vor und Nachher, das Drücken und Kneten auf der Tastsohle gibt dem

Spieler nur die Illusion, als geschähe etwas; es ändert nichts mehr am Klang."

Allein die Stelle, in der eine Beeinflussung der Tongebung zustande kommen kann, steht in Beziehung *zum Gewicht des Hämmerchens*, das beim Niederdrücken der Tasten empfindungsmäßig festgestellt werden kann. *Das Gewicht bleibt eine Hemmung für den Impuls des Drückens.* Der Druck erleidet von seiten des Hämmerchens und ebenso von der Saite selbst einen Gegendruck. Und hier obwaltet der Kern des Problems! Wird der Gegendruck mittels einer Gegensatzführung von Muskelzugkräften *verlebendigt*, vorweggenommen, substanziell-nervfleischlich verinnerlicht *(Selbstsetzung des Widerstandes)*, so ist es nicht mehr das physikalische Gewicht des Hämmerchens, das gegen die Saiten geschleudert wird, sondern die Hubkraft des Druckes tritt nunmehr *unmittelbar* in Beziehung zur Saite und setzt diese in Vibration. Das Physikalische ist hier auf die Ebene des *Psycho*-physiologischen gehoben worden.

In diesem Zusammenhang könnte der sich vertiefenwollende Leser das Verständnis aufbringen, daß im Ausübenden eine Möglichkeit vorhanden ist, seinem Impuls einen Gegenimpuls zu setzen; mit anderen Worten, es handelt sich in diesem Fall um eine *Selbstsetzung des Widerstandes.* Der *umweltliche* Widerstand, *Gegen-stand* (siehe Hämmerchen) wird in einem *inneren* Widerstand *verlebendigt* vorweggenommen, *psycho-physiologisch* verinnerlicht. Der verinnerlichte Widerstand tritt nunmehr in Kontakt mit dem umweltlichen Widerstand, dem Hämmerchen, das zur Saite *emporgetragen* und be-griffen wird. Die Saite wird mittels des Hämmerchens berührt, in welchem der Widerstand nicht mehr nur ein physikalischer ist, sondern er stellt nunmehr ein physikalisch-psycho-physiologisches Komplexgebilde dar. Die Qualität des Tones ist *sinngemäß* magisch-schöpfungsgebunden, weil hier eine Seinsebene, die physikalische (Gewicht des Hämmerchens), auf die Ebene des Physiologischen und weiterhin Psychischen gehoben zum Ausdruck gelangt, bis letztlich im Geistigen sich vom Bewußtsein ein Überbewußtsein auftut, sich absetzt. — George Sand schreibt über Liszt: „Seine

Blicke waren ekstatisch zum Plafond gerichtet. Seine schönen langen Hände schienen nicht Tasten zu greifen, sondern *unmittelbar aus den Saiten* die Töne in den Raum zu ziehen."

Wenn man schon auf reines extrovertiertes Fingerspiel erpicht ist, sollte man wissen, wie sich das funktionelle Verhältnis zwischen den gegliederten Fingern *psycho*-physiologisch-anatomisch auswirkt. Mit einem Etüdenspiel kommt ein Gehemmter nicht weiter, er wird sich im Gegenteil schaden. Daß man mit gekrümmten Fingern keine Spreizung zustande bringt, ist anatomisch bedingt und da man bei Skalen keine Spreizung benötigt, krümmt man sie lustig weiter! Beim introvertierten Spiel spielen die Finger *eine gänzlich andere Rolle*, hier sind sie dynamisch geladene, greifende *Auffangorgane* des Druckes von seiten des Armes und der Schulter.

Einer der größten Naturforscher aller Zeiten, Carl Ernst v. Baer, läßt die Entwicklung des Lebens nach Art einer Melodie vonstatten gehen. Diese gilt es in schöpferisch *rhythmischer* Gliederung zu erleben, dem Leibnitz'schen Kontinuitätsprinzip Rechnung tragend; Melodie und Schöpfungsweh, ein Liebespaar. Karl Ludwig Schleich spricht von einer Ausgestaltung des Rhythmusses, die jedem Sein eigen ist.

Der Komponist hört mit dem inneren Ohr unter Anteilnahme des ganzen Körper-Bewegungsapparates, weil psycho-physiologisch das Gehörsohr mit dem Gleichgewichtsohr (Bogengänge) direkt zusammenhängt. Will man diesem inneren musikalischen Hören gerecht werden, so wird man das Klavier, das ein Schlaginstrument ist, derart zu meistern haben, daß es dem Tonausdruck der Sprache angepaßt wird. Busoni schreibt: „Unverkennbar nimmt Mozart seinen Ausgangspunkt vom Gesang aus, woraus sich die unausgesetzte melodische Gestaltung ergibt, welche durch seine Tonsätze schimmert."

Was ist Rhythmus, woher entspringt er? Wir formulieren: aus dem ideellen Bereich der Willensfreiheit. Jede Bewegung in der Kunst ist charakterlich bedingt, sie ist außerdem der Zeit unterworfen und dem Ausdruck einer willentlichen Handlung. Jede Bewegung fordert von sich her eine Gegenbewegung, die ebenso charakterlich formiert wird. Beide Willensäußerungen hängen vom gestaltenden und interpretierenden Künstler, von seiner *persönlichen* Beziehung zur Umwelt ab. Die Gegenbewegung verläuft nicht nach im voraus zu bestimmenden Regeln, nicht mechanisch, sondern ist ebenso wie die Bewegung souverän und daher irrational *unberechenbar*. Die Ausdrucksbewegungen unterstehen auch den Graden der Geschwindigkeit, welche ebenso charaktermäßig erfolgen. Jede Bewegung oder jedes Stillehalten wird empfunden. Das Gehör- und Gleichgewichtsohr haben *direkte psycho*-physiologische Beziehungen zum gegliederten Muskel-Bewegungsapparat, der vom Willen durchflutet wird; das Kunstwerk vibriert auf der Ebene im *Erlebniswissen*. Der „himmlische Bewegungsapparat" (Kant) steht in geheimer Beziehung zum Bewegungsapparat des gegliederten und zu empfindenden Körpers.

Das Hauptziel des Pädagogen sollte darin bestehen, dem Schüler ein zu erlebendes Wissen vom Rhythmus beizubringen. Wer den Schüler nur im Takthalten dressiert, der tötet das Takt-, das heißt Gewissensgefühl des Herzens, das dem Rhythmus unterliegt.

Einige Kandidaten aus den verschiedenen Jahrgängen.

Vorweg möchte ich die Feststellung machen, daß man sehr wohl zwei Arten leidenschaftlicher Gestaltung unterscheiden kann: eine, die sich am Aufbau eines Werkes erhitzt, wo die Seele willentlich eruptiv aufgewühlt wird — ich möchte sie als intellektuelle Leidenschaft bezeichnen — und die andere, welche unabhängig vom Werk sich in divinatorischer Bereitschaft befindet. Der zur metaphysischen Ferne tendierende Liszt gehört zu jenem Typ, der seine Leidenschaftlichkeit aus dem Himmel empfängt. Im ersten Fall ist es ein überlegtes Spiel, die große Erregung wird vom Werk inspiriert, im zweiten Fall schöpft der Gestaltungswille unmittelbar aus dem Unendlichen heraus; hier ist das Spiel voll Selbstüberraschungen, weil die Seele sich den geistigen Offenbarungen hingibt. „Nicht ich dichte, sondern es dichtet aus mir heraus" formulierte Goethe. Das Grenzenlose in Begrenztes zwingen, schafft Leiden meiner Leidenschaft!

Es gibt zwei Lebensebenen, die von Leid und Freud durchpulste Gefühlsebene und die von dieser sich Absetzende, die sich geistgefühlsmäßig fernhaft manifestiert. Zwei Richtungen, die zur Beurteilung einer Künstlerpersönlichkeit als Maßstab anzulegen sind. Heute mehr denn je, weil das menschliche Bewußtsein sich bereits *erlebniswissend* in einer Spaltung im Hinblick auf das *Überbewußtsein* befindet. *Richard Goode* (USA) reißt kraft seiner Magie die Gefühls- und Empfindungssphäre der Zuhörerschaft bis zu den „brennenden Eingeweiden" (Goethe), mit. Sein minutiöses Aushalten einzelner Töne ist nur einem auserwählten Künstler zu eigen. Die „Kreisleriana" von Schumann, besonders der sechste Abschnitt war von Goode gefühls-gestaltungsmäßig unüberbietbar. Dieser Abschnitt stellt in der Klavierliteratur wohl die unendliche, zum Ausdruck gebrachte ausweglose Traurigkeit dar.

X aus USA. Man zieht die Töne aus dem Instrument nicht mit Ausweichbewegungen, Schaukelbewegungen des Ellenbogens, sondern mit einer *Seitwärtsstrebehaltung* beider Arme zueinander. Diese wiegende Bewegung mit den Armen ist meist eine weibliche Eigenschaft, aber mit schaukelnden Armen schläft auch der Ton ein.

X aus Süd Afrika. Ein gefühlsüberschwenglicher Klavierspieler, der leidenschaftlich die Musik liebt. Physiognomische Verzerrung der Nase, gewölbte Lippen, Stirnrunzeln, Augenaufschlag, verbunden mit erstaunlich bewegter Kopfhaut (Skalp); die Fingerglieder so aufgestellt, daß sie den Eindruck einer Weberspinne hervorrufen, zudem ein hochgestelltes Handgelenk von seiten des Unterarmes... summa summarum: leuchtendes Vorbild, wie man nicht Klavier spielen soll.

Ludwig Hoffmann (Deutschland). Im Endkampf gab sich Hoffmann als Gestalter und Tonmaler großen Formats zu erkennen und es war selbstverständlich, daß er das Publikum zu spontanen Jubeläußerungen hinriß. Sein Spiel war für mich eine Reminiszenz an Alfred Reisenauer!, nur von ihm habe ich den „Mephistowalzer" von Liszt in solch dämonischer Wirkung gehört. Wenn es ihm gelingt, die Töne und Akkorde im Überfortissimo und in unbegrenzten, crescendierten Steigerungen Reisenauer'scher Art und Wucht und dynamischer Macht aus dem Instrument *herauszuheben,* so könnte man fast an eine Inkarnation des unvergeßlichen Tongestalters glauben.

Gitti Pirner (Deutschland). Aussagende Zwiegespräche beider Hände in der fünfstimmigen Fuge von Bach; nicht nur die Themen, ebenso ausdrucksvoll die Nebenstimmen: Gesetz und Freiheit gewahrt. Intensiv durchlebte „Weihnachtssonatine" von Busoni, ein Werk Busonis, das ihm am Herzen lag. Gitti Pirner... unter Wolken und Sonne, mooshaft in sich selbst differenziert, eine medialwesenhafte sphärisch gestaltende Künstlerin, die ihre Intentionen unbeeinflußt aus eigener Tiefe schöpft.

Dubravka Tomsic (Jugoslawien). Ein Höhepunkt technischer und künstlerischer Gestaltung. Waldsteinsonate, wie ich sie nur noch von Alfred Reisenauer gehört habe. Dieses Werk Beethovens, ein Naturerlebnis, falls es als solches erlebt wird; wehe, wenn es als geläufig zu spielende Fingerübung abgeleiert wird. Beethoven, der die Natur liebte, der oft in die freie Landschaft hinausstürmte ... zwischen wogenden Ährenfelder, in rauschenden Wäldern stille stand ... das Dämmern des Morgens, Aufwachgezwitscher eines Vogels, rollende erdgebundene Bewegungen, die durch wesenhafte Töne rhythmisch differenziert zum Ausdruck gebracht werden. Anton Rubinstein unterlegte seiner Interpretation oft Vorstellungsbilder und steigerte sie dadurch. Sie hat die ekstatische divinatorische Begeisterung, die der gehirnverkalkte Verstandesmensch nicht aufzubringen vermag. Der musische Mensch: Künder Gottes.

Hajime Kono (Japan). Ganzheitliche Aussage-Sprache aus dem Geheimnis der Schöpfung, wo Leben und Tod, Liebe und Verzweiflung, in der Aussöhnung geheilt zum Ausdruck gebracht wurden. Wie könnte Europa, das Abendland, das sein kulturkultgeschichtliches Bewußtsein verloren hat, von Asien bereichert werden. Ein Leibniz wußte von dieser Beeinflußungsmöglichkeit durch den fernen Osten, nicht im Sinne des „west-östlichen Divans". — Das Spiel Konos ist an der Zerreißgrenze zwischen der pantheistischen Einstellung Asiens und derjenigen des theistischen Abendlandes; beide Schöpfungsinterpretationen haben Berechtigung. Die Elegie-Berceuse von Busoni, Daseins-Leidfreude zum Ausdruck bringend, — die kleine Sekunde, welche die Träne einschließt. — Die Etüde vor dem gegen die Philister dahinstürmenden Davidsbündler von Schumann modelliert. Gesäß und Sessel im Einvernehmen. Die sechs kleinen Klavierstücke von Schönberg ekstatisch expressiv, geisterhaft, kirchhofnächtliche Gräber, Fäulnis, Aufflackerlichter, „verruchte Stelle", weitnahe Schwermut tragend. Ich gedenke der zauberhaften gebirgig-landschaftlichen Natur, des von Meeren umspülten Inselreiches Japan, das mich einst bei meiner ersten Konzertreise in helle Begeisterung versetzte, Begeisterung, wie eben beim gestaltenden Künstler Kono.

Jeffrey Siegel (USA). Ein begnadeter Künstler, der sich sehr der retrovertierten spieltechnischen Einstellung nähert, wobei die

Finger Überträger des Druckes sind. Klingende Pausen, beherrschte Ruhe in ihnen, durchseelte Körperempfindung; gleitende Akkorde. Im langsamen Satz der h-moll Sonate von Chopin ein Liebesdialog beider Hände; ein in sich selbst verklingendes Verhaltensein. Überraschendes Auffangspiel von Licht und Schatten in der Tondynamik, Kontaktverbundenheit mit dem Widerstand der Pedale. Nächtliches Träumen singenden Blutes.

Cary Towlen (USA). Eigenwillige Gestaltung aus überzeugender visionär ekstatischer Schau!, aus der Ferne, aus dem Irgendwo. Keine Maulwurfhaltung des Kopfes. Beute, die katzenartig gegriffen und spielend festgehalten wird. Ein Adler, der sich aus der Höhe herab stürzt und Lebendiges mit sich fort reißt; gestaute Bewegung. Cary Towlen, unakademisch. Wer hat ihm den Rat erteilt, sich einer Jury zu stellen?

Michael Ponti, der Busonipreisträger. Die pianistische Begabung Pontis ist phänomenal; sein jeu parlé erinnert mich lebhaft an Emil Sauers elektrisierendes Spiel. Überschauliche Zusammenhaltung in diszipliniertester Weise; Beschleunigung des Tempos in eindringlicher Exaktheit durchgehalten, darüber hinaus die Freiheit des nochmehr Könnens bewahrend. Eiserne Haltung beider Arme zueinander, lebendige, in sich elastische Einheit. Nie gestoßene, sondern genommene, fundamentierte Forteakkorde.

Hadassah Brill (Israel). Im Hinblick auf dieses Urphänomen wäre es mir wohl eine Freude, mich weltanschaulich auszulassen; jedoch aus verschiedenen Gründen muß ich darauf verzichten. Die Gestalterin hat den Mut so zu sein, wie sie wesenhaft ist. Wer hier an übertriebene Effekt-Affektion denkt, irrt sich ganz entschieden; hier gibt sich ein Geist zu erkennen, der eine ganz bestimmte Mission zu erfüllen hat, zwangsläufig von der Schöpfung gefordert. Es handelt sich nicht mehr um Ausweich- und Ausdrucksbewegungen, sondern es ist der sich verwringende Körper selbst, der aus sich heraus die Macht des Gedankens, die Macht des sich erhebenden Naturgeistes zum Ausdruck bringt. Nietzsche spricht von der „großen Vernunft des Leibes". Der Kopf sehnt sich zurück ... ein vorgeburtliches Sein erlebt im Schoße des Alls die behütete Erfüllung des Bewußtseins.

Ihr schlangengeschmeidig gegliederter Leib, der die Wollust seines Selbst genießt, ist sowohl Tier als Pflanze, die dem Boden, der Erde, sich verpflichtet. — Es sind übersensible Spinnenfinger, die auf dem Widerstand der Tastsohle laufen, Finger, die sich erschrecken, die zustürzen, wo sie eine Beute seelisch-körperlich erfühlen, um im nächsten Augenblick, sich verwandelnd, als betäubende Liane zu verschenken.

Ich könnte hier von Plotin, der die Ekstase lehrte, über Spinoza und Albert Einstein bis zur besessenen Künstlerin Hadassah einen Bogen spannen. Bei diesem Mädchen blutet das Leid ihres ganzen Geschlechts, das sie zum Ausdruck bringt. Ja, es ist ein religiöses Spiel, eine pantheistische Dokumentation und Manifestation von einmaliger Erscheinung.

Zum zwanzigsten Busoni-Wettbewerb.

Bevor ich auf die Leistungen einzelner Kandidaten eingehe, möchte ich einige Bemerkungen voranstellen. Das Publikum steht den Darbietungen der in Frage kommenden Werke gefühlsmäßig und mit intuitiver Anteilnahme gegenüber; zumal es jedoch im Glauben ist, daß die aus Fachleuten bestehende Jury ein höheres Wissen haben müsse, so ordnet es sich letztlich manipuliert diesem „objektiven" Urteil unter.

In einem Busoni-Wettbewerb sollte man in der Beurteilung vorsichtiger sein; Busoni legte besonderen Wert auf die Persönlichkeitsgestaltung und war in körpertechnischer Hinsicht, so wie Beethoven, Liszt und Chopin, ein *Bahnbrecher*. Gerade in diesem Wettbewerb wären besondere Maßstäbe anzulegen im Hinblick auf Busoni, der ein Merkstein am Wege des Kommenden war. Daher machte ich des öfteren den Vorschlag, vor allen Dingen Musikologen heranzuziehen, die mit den *entwicklungsgeschichtlichen* Strömungen vertrauter sind, denn auch die Interpretationskunst unterliegt einem Werdeprozeß. Ein Beethoven verlangt beispielsweise eine andere körperliche Einstellung, als etwa ein Scarlatti. *Wir haben demnach Gesichtspunkte einzubeziehen, die dem Funktionsverhältnis körpertechnischer Art Rechnung tragen.*

Wohl mit Recht wird die Anschauung vertreten, daß eine virtuose Technik Vorbedingung für jede Interpretationskunst sei; dennoch ist es eine billige Erkenntnis, wenn nicht darauf hingewiesen wird, daß das Geheimnis zur Neugestaltung eines Werkes nicht nur im Seelischen, sondern ebenso unmittelbar im Empfindungsbereich des Muskel-Bewegungsapparates eingebettet liegt.

Wir werden von einem Pianisten, der mit gekrümmten Fingern ein „Hämmerchenspiel" ausführt und mit vom Oberarm „abgestückelten" Unterarm in die Tasten drischt, keine *dynamische*

Tongestaltung erwarten können, weil zu einer solchen Tongestaltung eine *Gegensatzführung* sämtlicher Fingermuskeln untereinander, die in einem *Dehnungsspannungsverhältnis* stehen, *empfindungsmäßig* zu erleben und *willensmäßig* wachzurufen ist. In diesem Fall stehen Strecker und Fingerbeuger, ja Beuger gegen Beuger sich gegenseitig dehnend gegenüber! Jedes Glied des dreigliedrigen Fingers hat seine sensiblen und motorischen Nerven, welche demnach *Empfindungselemente* im Bereich des sich Ausdrückens sind. Mit einem Hämmerchenspiel kann nur einer Mechanik gehuldigt werden, *nie* aber wird eine beflügelte Tragekraft, eine raum-zeitliche voluminöse Intensität in seelisch aussagender Weise zustande kommen. Die feinsten Nerven liegen im Gewebe des Nagelgliedes und werden mit der *Fühlungnahme der Tasten* gereizt; sie kommunizieren mit der Tastballenregion der Hohlhand, in der *sämtliche* Fingermuskeln durch eine besondere anatomische Anlage miteinander verbunden sind. Es ist der Fingergriff, der mit dem konstant wachzuhaltenden Schulterblattdrehgriff seine rumpflich verankerte und seitlich gerichtete Stütze erhält; eine Gegebenheit, die nicht durch Etüdenkram a la Clementi zu erreichen ist, welcher das Musikalische und Technische des Studierenden abwürgt.

Die musikalische Inspiration wird vom Leib her genährt und erlebt hierselbst die Quelle des Ausdrucksvermögens. Das tritt beim geborenen Dirigenten eklatant in Erscheinung. Mit einem Sack voll Sand im Leibe schafft man hemmende Bänke im musikalischen Fluß der Gestaltung. Eine überzeugende und aussagende schöpferische Gestaltung verläuft in ihren agogischen Strömungen in der Sphäre allwesenhafter Kontinuität und beinhaltet ein seelisch-leibliches, sich sehnendes und sich dehnendes dynamisches Verhältnis zum Werk. Gestaltung durch Gestalt.

Ich möchte allen Musikstudierenden einige Sätze zu Gemüte führen, die in einem packenden Aufruf von Karlheinz Stockhausen formuliert wurden, einem Aufruf, der das Wesenhafte unserer Zeit zum Ausdruck bringt. Er schreibt im „Freibrief an die Jugend" u. a.: Und die Musiker müssen für den in uns noch verborgenen höheren Menschen die Ankunft vorbereiten: *den gan-*

zen Körper bis in seine kleinsten Bestandteile hinab so in Schwingung versetzen, daß alles empfänglich für die Schwingungen des höchsten Bewußtseins wird. Erst wenn wir das höhere Bewußtsein erlangt haben, brauchen wir überhaupt nicht „regiert" werden, und wir holen uns Rat bei den Heiligen — nicht bei den Kirchenheiligen, sondern bei den Geistern, die der ganzen Menschheit dienen; die ein universales Bewußtsein erlangt haben, das über Religions- und Rassenunterschiede hinausgeht und das nicht länger Universität mit Uniformität verwechselt."

Über die einleitenden Ausführungen hinausgehend, werden sich nolens volens die Juroren im allgemeinen einer Kritik auszusetzen haben, und zwar, daß sie in Bezug auf die Persönlichkeit Busonis, in Bezug auf ein Wissen, worauf es bei einer *schöpferischen* Virtuosität in *psycho*-physiologisch-anatomischer Hinsicht ankommt, ein Gebiet, das die *Ganzheit* des Menschen innehält, Laien sind. Das ist keineswegs eine Beleidigung; diese Disziplinen, die ein Universitätsstudium erfordern, stehen außerhalb althergebrachter schulmeisterlicher „Weisheit". Von dieser Sicht her ist es selbstverständlich, daß meine Bewertung im großen und ganzen anders ausfallen muß und eo ipso als Anregung und sachliche Feststellung Geltung beanspruchen kann.

Die Direktion hat diesem zwanzigsten Busoni-Wettbewerb einen besonders erfreulichen Rahmen gegeben; auf dem Podium Pflanzen mit buschig sich ausbreitenden, strahldünnen Blättern zwischen roten Blüten, Reize für wohlgefällige Denkabläufe. Dem Bäumchen an der Tür galt meine besondere Aufmerksamkeit; ein aus Blättern gefaltetes niederhängendes Blätterröckchen und darüber eine vollbrüstig aufstrebende, gefaltete Blätterbluse; beide Teile durch eine dünne Taille voneinander geschieden: eine androgyne Pflanzengestalt, ein weiblich-männliches Besinnungsgebilde, Vorbild des kommenden Menschheitsgeschlechtes, wo die Zwei in einer erhöhten, sich selbst bewußtwerdenden Ganzheitlichkeit die Wesenheit des heranbrechenden Morgens zur Selbstaussprache bringen werden; ein Menschheitsreich, in dem der Künstler seine Mission zu erfüllen haben wird.

Das wohlgemeinte Urteil der hohen Jury, ein kleines Objektgebilde, in Gesellschaftsform, dem das Innenweltleben dem Objektbewußtsein „moralisch" untergeordnet wird, ist noch nicht gefällt; es wird einige Tage nachher verkündet werden, nachdem die Kandidaten sich noch hinter verschlossenen Türen in Orchesterproben zu beweisen haben. Ob eine solche Prüfung noch nötig ist, um ein bereits dem Geiste vorschwebendes Urteil eventuell zu korrigieren?, diese heikle Frage bleibe dahingestellt. Da meine Kritik bereits vor der Beurteilung bei der Redaktion vorliegt, so bleibt für mich ein Nachruf überflüssig.

Vadim Sacharow (UdSSR), fünfter Preis. Wollen wir dankbar sein, diesen genialen Gestalter erlebt zu haben! Hier schweigt die Kritik aus Ergriffenheit. Unerhörte Wiedergabe von Liszt; was für transzendentale Möglichkeiten ein Werk geheimnisvoll enthält, wenn man sich ihm von einer anderen aufgerisseneren Bewußtseinsebene erliebend anvertraut. Schöpfung, wie bis du unausschöpfbar! Hellseherische Ausdrucksgestaltung; hier weht die Wehmut um unausgeweinte Tränen. Die Blätterstrahlen am Rande des Podiums: Freude! Freude!

Geniale Gestalter unvergleichlicher Art sollen sich einer westlichen Jury fernhalten; eine derartig mediale, überwältigende Aussageoffenbarung hat den Anschein, daß sie nur in Rußland ihre Heimat haben kann.

Im allgemeinen gab das Niveau einen Rückschritt zu erkennen. Diese Art Klavier zu spielen, neigt entwicklungsgeschichtlich mählich ihrem Ende entgegen. Eines ist festzustellen, daß diese Art Klavier zu spielen sich himmelweit von derjenigen Ferruccio Busonis unterscheidet. Bei der unwahrscheinlichen Rapidität, die Busoni entfalten konnte, eine Geschwindigkeit, die heute keiner besitzt, hatte man trotzdem *nie* den Eindruck von gehasteter Schnelligkeit, sondern eher von einer langsamen dahingleitenden Bewegung; *die Bewegungen waren eben bei ihm vorweggenommen*, weil er alle Richtungen simultan umlebte, die Bewegungen schienen unsichtbar; ein Meer von überdimensionaler Ruhe, in dem aus allen Richtungen die Ströme des Ausdruckes einmündeten, all das durch ein *wissendes* Erlebnis seines seelischkörperlichen Könnens, seines ganzheitlichen *Beisichseins;* regulativ erhaltend ist die vegetative Führung auch in Bezug auf eine Entwicklung, die „große Vernunft des Leibes."

Was bleibt nachhaltig? Man wende nicht ein, daß unsere Zeitströmung alles davonreißt. Das ist es nicht. Eine Seinshaftigkeit, die bis an den Tod erlebt bleibt, ist unsterblich, unvergeßlich.

Nur einiges aus meiner Erinnerung an zwei hervorragende Lisztschüler.

In der lebhaften Erinnerung steigt eine Vergangenheit in mir auf, deren Repräsentanten mit Phantasie und Inspiration beflügelt, die Werke dynamisch und visionär gestalteten; sie hatten Mut, so zu sein, wie es ihrer Persönlichkeit entsprach und wurden auch vom Publikum entsprechend gewürdigt.
Ich denke an Alfred Reisenauer, der, wenn er ein Stück beendete, nach kurzer Pause mit den Themen dieses Werkes improvisierte und mählich in den Ausdruck und in die Form des nächsten zu interpretierenden Werkes überging. War er in beseelter Stimmung und hatte er reichlich dem Wein gehuldigt, so kam es ihm gar nicht darauf an, etwa die c-moll Phantasie von Bach nach fis-moll zutransponieren. Auch kam es manchmal vor, daß sein Impresario auf dem Podium erschien und verkündete, daß das Konzert verschoben werden müsse, da Reisenauer plötzlich erkrankt sei; seine „Seekrankheit."
Es geschah im Universitätsstädtchen Dorpat. Die Hautevolée, die von ihren fern liegenden Gütern erschienen war, tief dekolletierte Damen in den ersten Reihen: Reisenauer, der Vergötterte, kam angeheitert, stutzte... mit schwungvollem Armschmiß setzte er einen Triller an, trillerte und trillerte, trillerte bis zum höchsten Diskant hinauf und trillerte weiter in den Saal den Dekolletierten zu. Allgemeine Empörung; die Herren im Frack und Smoking stolzierten zur Garderobe; Studentenkrawall, die Fahnenträger in Wichs fragten sich, ob ein Künstler nicht wisse, wie weit er zu gehen hätte, die „Füchse" schmunzelten. Das Konzert wurde verlegt. Am nachgeholten Konzertabend tilgte Reisenauer seine Schuld, indem er bis in die Mitternachtsstunde hinein den Bisrufen nachgab. Man konnte sich nicht losreissen von den Stunden, wo das Göttliche sich durch den Menschen offenbart.
In einem Schloß in Mitau (Städtchen in Kurland im Baltikum)

hörte ich Reisenauer auf einem jämmerlichen Tafelklavier das „Spinnerlied" und das in Hauch gehüllte „Frühlingslied" von Mendelssohn unvergeßlich hinzaubern. Er war der größte Tonkünstler, den ich erlebte, ein Dämon; sein jubelnder Schwung riß die Zuhörer mit. Wenn er in Liszts „Tarantella" dahinstürmte, den „Mephisto-Walzer" mit teuflischer Geschmeidigkeit zum Ausdruck brachte, sprangen sie von ihren Sitzen auf, manche fielen in Ohnmacht. Dazu fällt mir ein, was Anton Rubinstein auf der Rückseite seiner Photographie, die mir Georg Schweinfurth, der berühmte Afrika- und Naturforscher, schenkte im Versmaß Heinrich Heines schrieb: „Sehr zuwider sind mir Damen, welche sterben, wenn ich spiele."

Als ich Reisenauer in Riga fragte, weshalb er keinen Brahms spiele, gab er zur Antwort: „Nie, nie werde ich ihn spielen!" Als gefeierter Lisztschüler lehnte er die Machenschaften des späteren Brahms, des Geigers Joachim und anderer, gegen Liszt schroff ab. Nach einem Jahr hielt Reisenauer wieder Einzug in Riga. Auf sein Programm hatte er die f-moll Sonate von Brahms gesetzt. Diese visionäre Werkgestaltung bleibt mir ein unvergeßliches Erlebnis. Mit höchster Emphase spielte er die Anfangsakkorde, Klänge, die gehalten wurden, auch wo das Leben weiter drängt, — durchblutete Pausen; da klang ein deutsches Volkslied aus der Melancholie des Wissens; da lag der Mondschein über den Liebenden, Sterngeflimmer, das die Dunkelheit noch mehr verwehmutete; da hämmerte erbarmungslos plastisch das Schicksal im „Rückblick"! da rauschte das Scherzo in verhaltener Leidenschaft, Gewesenem nachjagend — und dort, wo im letzten Satz zwei Themen miteinander verbunden und durchkomponiert werden, gab es kein Dahinrasen, sondern zurückverhaftetes Weiterstreben, eine Substanzierung des Raumes, um noch einmal den Geburtsschrei der Eingangsphrase aufdröhnen zu lassen. Der Kritiker Hans Schmidt, dessen saphische Ode Brahms vertonte, brach in Tränen aus.

Die Macht, den Gegenstand zu ergreifen, kann so gewaltig sein, daß man das Gefühl hat, der Saal bricht zusammen. Ein Samson im Tempel, so war es bei Reisenauer; derartige Fortissimoklänge forderte Tschaikowsky in seiner sechsten Symphonie, so war es bei allen Großen der Vergangenheit, bei Anton Rubinstein. Gräfin d'Agoult schreibt an Liszt (1833): „Als Herr v. Meyendorf von Ihrem Gewitter erzählte, das man während des Gewitters von oben hörte, sagte er: „es war die Stimme der Erde, die der Stimme des Himmels Antwort gab."

Reisenauer litt trotz seiner Souveränität unter Lampenfieber, wie das bei Caruso auch der Fall war; aber man sah es ihm absolut nicht an; stolz schritt der Behäbige mit seinem etwas über dem Kragen gewellten Haar langsamen Schrittes zum Flügel — es standen stets zwei Flügel, weil seine Dynamik von solchem Ausmaß war, daß die Saiten öfter rissen, auch im leis-innigen Spiel — ein Athlet im greifenden Nehmen, nicht im Schlagen, stützte die linke Hand am Rand des Flügels auf und verbeugte sich gravitätisch. Dann setzte er sich mit seinem mächtigen Körper an den Rand des Klaviersessels, legte seine Pranken auf die Tastfläche, in Ruhe... mit den ersten Tönen ergriff er die Zuhörer, Klänge durchzogen den großen Saal über das Pianissimo hinaus. In schlummernder Stille bebten die Anfangsrepetitationen der Waldsteinsonate, bis die Sonne glutvoll im Thema aufbricht. In der „Vogelpredigt des heiligen Franziskus" von Liszt griffen seine Hände manchmal in die Luft, als wollte er das Gezwitscher einfangen, vielleicht war es nur ein nachwinkendes Abschiednehmen, — in der Hohlhand hatte Reisenauer den Vibrationstriller geheimnisvoll geborgen.

Ein Tonmaler, - seine Pedalisierung war von einmaligem Zauber erfüllt; hier war das Pedal wirklich ein „Strahl des Mondlichtes, wie sich Busoni ausdrückt. Durch eine mähliche Hebung eines der Pedale entlockte er einen Oberton, gewissermaßen einen sphärischen Klang, der dann mit einem Niederdruck des Pedals gehalten wurde.

Einer der bedeutendsten Schüler Reisenauers war der Tiroler Pianist Josef Pembauer junior, ein Künstler vertieften Charakters; in Dreikirchen am Ritten bei Bozen, verlebte er manchmal den Sommer in einer der vielen Villen der Geschwister Settari.

Ich denke an Konrad Ansorge.

Bei einer Abendtischgesellschaft, die der Stadtälteste Kümmel von Riga zu Ehren Konrad Ansorges gab, von der Hausfrau gefragt, ob er eine glückliche Jugend gehabt hätte, kam nach längerem peinlichen Schweigen die Antwort: „Gnädige Frau!, ich bin in einem ganz kleinen Städtchen in Schlesien geboren, wo die Leute, wenn jemand gestorben war, sagten, er hätte den Löffelstiel aus der Hand gelegt." Aufstehend erhob der Hausherr sein Glas und prostete ihm zu: „Es lebe Konrad Ansorges hohe Kunst!" Ansorges Erscheinen löste in der Gesellschaft häufig eine kühle Atmosphäre aus, an jenem Abend jedoch war er von ausstrahlender Wärme.

Die Kümmelsche Buchhandlung war die Nachfolge von Hartknoch, welche „Die Kritik der reinen Vernunft" von Kant verlegte.

In Berlin erlebte ich, wie ein Teil des Publikums in der Philharmonie während des Spiels sich erhob, um seine Wiedergabe der „Appassionata" von Beethoven in Ergriffenheit zu empfangen. Während einer ganzen Unterrichtsstunde in seiner Villa (Nußbaumallee in Berlin-Westend) verharrte er schweigend; bei der Verabschiedung drückte er mir die Hand: „Es war eine schöne Stunde." — „Ja, Meister, ich habe von Ihrer Stille viel gelernt". Nach seinem Tode spielte mir seine Frau, eine beachtenswerte Konzertpianistin, das grandiose Klavierkonzert von Ansorge vor. Seine „Tonbilder" und seine Ballade, leider viel zu wenig bekannt, habe ich öfter in Rußland zur Aufführung gebracht.

Ferruccio Busonis Grab in Berlin wurde im letzten Weltkrieg wie mir Generalmusikdirektor Volkmar Andrae berichtete, durch eine Bombe völlig zerstört. Der Königsberger Reisenauer starb nach einem Konzert an einem Schlaganfall in Libau an der Ostsee. D'Albert ruht am Luganer See auf einem herrlich gelegenen Friedhofshügel in Morcote, daneben der Schauspieler Alexander Moissi und der einst weltberühmte und gefeierte russische Sänger Baklanoff, der von seiner liebenswürdigen Frau ein Grabmal mit einem hoch überragenden Dach erhielt, welches das Grab Moissis verdunkelte. Wie mir Frau Moissi-Terwin erzählte, wurde darüber zugunsten Moissis ein Gerichtsstreit ausgefochten.

Frau Baklanoff hatte ihren einbalsamierten Mann eine zeitlang in ihrer Villa am Luganer See aufgebahrt, bis die Polizei einschritt. Pinien überragen die schweigsame Höhe; gewundener Stufenaufgang dorthin; ein Veilchen stahl ich mir ungesehen.
Das körperliche Gedächtnis (Meme nach Richard Semon), die leiblichen Engramme sind von plastischer Empfindungsnatur; dieser Boden speichert Sinnes- und Vorstellungseindrücke und ist Hüter von Erlebnisempfängnissen. Wenn ich an geniale Gestalter zurückdenke, so ist mir, als hätte ich sie erst gestern gehört; die Nachhaltigkeit ist unauslöschbar und übermittelt der Forschung bestimmende Richtlinien.

Nachtrag für den Studierenden.

An dieser Stelle möchte ich gleich vorweg aufmerksam machen, worauf es wesentlich ankommt, so z. B. auf die Haltung des gegliederten Fingers und der gegliederten Hand und zwar im Zusammenhang mit der Haltung des gegliederten Unterarmes.
Beim Druck auf den Gegenstand mittels des Armes und des Schulterblattes spielen die beiden Finger*end*glieder (Mittel- und Nagelglied) eine entscheidende Rolle; diese Endglieder des Fingers nehmen mit ihren zwei langen Fingerbeugern als erste Instanz Kontakt mit dem Gegenstand.
Die Hand fällt in gehobener Stellung des Armes träg nach der Kleinfingerseite des Unterarmes ab. Von dieser Lage ist sie *schräg aufwärts* gegen die Daumenseite des Unterarmes aufzurichten, wobei *zwangsläufig* eine *Einwärtsdrehung* der Hand im Handgelenk selbst, *also unabhängig von der Speiche*, vonstatten geht; Verhinderung von Wackelbewegungen, zielbewußte Beherrschung.
Die *Grund*glieder der Finger werden von der *Hohlhandfläche* her in Streckung gehoben; dieser Vorgang geht mit einer *gehemmt* empfundenen minimalen Beugebewegung der Hand einher. Der Daumen, die Gegenhand (der bewegliche Mittelhandknochen des Daumens) macht dabei ebenso *zwangsläufig* eine Einwärtsdrehung (Daumenpronation). Nunmehr sind auch die genannten Endglieder des Fingers zu strecken und zwar mit einem *empfindungsmäßigen Seitwärtszug* derselben gegen die Daumenseite der Hand; hierbei kommt, wie bei der schrägen Aufrichtung der Hand, *zwangsläufig* eine *Einwärtsdrehung* der Finger*grund*glieder (Fingerpronation) zustande. Auch hier Verhinderung von Wackelbewegungen; zielbewußte Beherrschung.
Die Endglieder sind auf das Niveau der Fingergrundglieder zu bringen, ohne, daß dabei die Fingergrundglieder gesenkt, d. h. gebeugt werden.

Beide Streckhaltungen stehen zueinander in einem *Dehnungsverhältnis*, denn die Streckung der *End*glieder wird, gemäß einer anatomischen Anlage, von den in der Hohlhand eingebetteten, kurzen Finger*beugern* (welche das Fingergrundglied beugen) ausgeführt. Demnach löst die Streckung dieser Endglieder eine Gegensatz*empfindung* (Fixierung) der betreffenden Muskelzugkräfte in Bezug auf die Streckhaltung der Fingergrundglieder aus. Die Streckhaltung der Endglieder steht somit in einer *Gegensatzführung* sowohl zu den gestreckten Grundgliedern, als auch zu den zwei langen Fingerbeugern, welche die *End*glieder beugen. Selbstsetzung des Widerstandes.

Erst mit dieser Fixierung von Finger und Hand kann die Druckausübung von seiten des Armes und des Schulterblattes auf den in Frage kommenden Gegenstand (Instrument) übertragen werden. Die Nagelglieder sind Tastorgane, Tastaugen.

Schulterblatt und Oberarm *drehen* sich bei sachgemäßer Beanspruchung *einwärts*, wobei die Hand, wie die Finger ausweichen würden, falls sie nicht in *schräger* Aufwärtsrichtung dieser Ausweichung entgegenwirkten. Finger und Hand schließen gegensätzlich zueinander sich verhaltende Muskelzugkräfte ein, welche eine labil-statische Haltesituation ergeben, ein *dynamisch* geladenes Kräftefeld, das den Druck von seiten des Unterarmes gegen einen Gegenstand *auffängt*, beziehungsweise ihn weiterleitet.

Der *Gegendruck* des gedrückten Gegen-standes wird durch die *Selbstsetzung* einer Gegensatzführung (Selbstsetzung des Widerstandes) der gekennzeichneten Halteaktionen *verlebendigt*, *psycho*-organisch verinnerlicht; Verselbständigung vom physikalischen Gegendruck, von der alleinigen Umweltführung. Physikalische Gegebenheiten werden auf die *psycho*-physiologische Seinsebene gehoben: *Prinzip der Entwicklung durch Gegensatzführung!* Umwertung technisch-künstlerischer Gestaltung, Gestaltung durch Gestalt. Es handelt sich um eine praktische Weltanschauungsbildung.

Bei einer funktionellen Unterarmeinstellung vergegenwärtige man sich, daß die Drehachse der Speiche in einer anderen Richtung verläuft, als die Drehachse des Oberarmes. Beide Drehachsen sind *gleichzeitig* am oberen Ende des *Unterarmes* (Ellenbogenregion) zu beanspruchen und zwar in der Weise, daß die Speiche in *Auswärts*dreh*strebung* (Supination) und der Oberarm von der *gleichen* Stelle her *einwärts* gedreht wird. Es entsteht eine *Wringempfindung* zwischen der Auswärtsdreh*strebung* der Speiche und der Einwärtsdreh*bewegung* des Oberarmes. Der Bizeps, der *beide Vorgänge* ausführt, löst bei sachlicher Ausführung eine *Schulterblattempfindung* aus.

Unter einer Längsachse (Rotationsachse) wird eine Linie verstanden, um die der betreffende Körperteil *um sich selbst* gedreht wird, im Gegensatz zur Querachse, wo eine ortsverändernde, raumläufige Bewegung des Körperteiles zustande kommt. Soweit Speiche und Oberarm. Nunmehr zur Speichenhaltung selbst.

Bei hängendem Unterarm nimmt die Speiche naturgemäß eine Mittelstellung zwischen Ein- und Auswärtsdrehung (Pro- und Supination) ein. Nun ist die Hand in der Weise umzuwenden (zu pronieren), daß der *Oberarm einwärts* gedreht wird, *der Ellenbogen rückt dabei ein wenig nach auswärts, also vom Rumpfe weg*. Man sei bestrebt, die Einwärtsdrehung des Oberarmes vom *unteren* Ende der Speiche (Handgelenknähe) bis etwa zur Mitte des Oberarmes empfindungsmäßig vorzunehmen. In diesem Fall wendet man die Hand nicht mit der Speiche um, diese bleibt in der Zwischenstellung, sondern mit einer *Einwärtsdrehung des Oberarmes*. Der Ellenbogen dreht sich hierbei, wie erwähnt, nach außen vom Rumpf weg. *Von dieser Ellenbogenstellung* ist nunmehr der Oberarm weiterhin einwärts zu drehen, *jedoch mit einem Seitwärtszug zum Rumpf hin!* Beide Aktionen, also *beide Einwärtsdrehungen* lösen eine *Gegensatzführung* aus. Beide Empfindungen sind wachzuhalten, nämlich fort vom Rumpf und zu zum Rumpf. Einklammerung des Ellenbogengelenkes, Verhinderung von Wackelbewegungen, zielbewußte Beherrschung. Auch hier bei der Speichenhaltung des Unterarmes kommt es zu einer Wringempfindung, weil die Speiche am oberen Ende des Unterarmes (Ellenbogenregion) in Auswärtsdrehstrebung und gleichzeitig am unteren Ende (Handgelenkregion) in Einwärtsdrehstrebung versetzt wird. Erst diese *Gegensätzlichkeit* der Muskelzugkräfte hat eine nach auswärts gerichtete Ellenbogenstellung zu Folge. *Beide Wringempfindungen, die zwischen Oberarm und Speiche und die auf die Speiche selbst bezogen, sind willens- und empfindungsmäßig wachzuhalten.*

Bei der ersten Ellenbogenhaltung wird die Hand vom Oberarm her umgewendet, bei der folgenden Einwärtsdrehung des Oberarmes wird die Elle mitsamt der fixierten Speiche und der Hand *seitwärts* zum Rumpf hin strebend gehalten. Es ist der *Hebelausschlag* der *Elle, der druckausübend* auf den Gegenstand durch Hand und Finger übertragen wird; das Scharniergelenk des Unterarmes läßt eine Drehung der Elle nicht zu. Durch *Fixierung* der Speiche übernehmen Schulter, Oberarm und Elle die Druckausübung, wobei Hand und Finger als Auffangorgane fungieren. Der Finger bleibt durch den *Seitwärtszug* und durch die sachgemäße Einwärstdrehung des Oberarmes auf den Gegenstand gestützt.

Hand und Schulterblatt sind *Endpunkte* des gegliederten Armes; beide Endpunkte würden bei einer Druckausübung des Armes auf einen Gegenstand (Instrument) *ausweichen*, wenn sie nicht *ihrerseits* diesen Ausweichungen entgegenwirkten. Über die Handeinstellung ist bereits ausgeführt worden; die Schulterblätter (Schulterblatthöhen) sind empfindungsmäßig gegen die Schlüsselbeine zueinanderstrebend zu halten, ohne dabei die Schlüsselbeine vorzubewegen. *Die Schulterblätter werden dabei zueinander gedreht gehalten.*

Es handelt sich um einen systematischen Aufbau, der dem gegliederten Muskel-Bewegungsapparat Rechnung trägt, um die *Erlebniserfassung* der geist-organischen Apparatur, um ein geduldiges empfindungsmäßiges Hineinwachsen in diese verfleischlichte *Empfindungsmechanik* des Lebens, um zur Blüte des *Ausdruck*skönnens zu kommen. Von der Natur fällt dem Menschen nur die Anlage zu; die Entwicklung setzt Wille und Empfindung auf der Grundlage des Wissens voraus ... und groß, hinsichtlich der Ausweichmöglichkeiten, ist die „listige Vernunft" auch auf dem Gebiet des Ausdrucks! Es ist ein beglückendes Gefühl, bei sachgemäßer Beanspruchung des Muskel-Bewegungsapparates, sich zum Aus*druck* bringen zu können, ein Gefühl, das neue Grenzgebiete des Seins erschließt, die der Höhenpsychologie und der Philosophie zugehören.

Anatomische Klarstellung für den Sachverständigen. Durch die Fixierung der Speiche mittels der Innervierung des M. biceps und M. brachioradialis erhält der M. pronator quadratus, der merkwürdigerweise mit seinem Ursprung die Elle dorsal erfaßt, eine feste Plattform, um auf die Elle einzuwirken und sie radial zu ziehen. Der Brachioradialis, dessen Ursprung den Oberarm dorsal erfaßt, wirkt sich bei fixierter Speiche auf den Oberarm einwärtsdrehend aus (Beanspruchung der Schaftachse), während der Bizeps mit seiner Komponente den Oberarm nicht nur einwärts rotiert, sondern ihn seitwärts gegen den Rumpf zieht (Beanspruchung der Hauptlängsachse). Dadurch, daß Kopf und Hals des Oberarmes vom Schaft desselben abgebogen sind, wird dieser Teil, bei Beanspruchung der Schaftachse und zwar dann, wenn der Oberarm gegen den Rumpf lateral gezogen wird, gegen die Cavitas glenoidalis drücken und das Schulterblatt im Schulterhöhen-Schlüsselbeingelenk zur ausweichenden Drehbewegung veranlassen. Bei sachlicher Beanspruchung des Oberschenkels kommt ein ähnlicher Vorgang zustande und zwar, wenn hier die Auswärtsrotation mit der Adduktionskraft gleichzeitig verbunden wird, wobei das Becken im Kreuzbein-Lendenwirbelgelenk *vortragend* gedreht wird.

Mit der Fixierung der Speiche wird das Gewicht von Hand und Speiche auf Oberarm und Schulterblatt übertragen. Der M. supinator und M. pronator teres halten die Speiche in einer Gleichgewichtsstellung. Der Brachioradialis, der früher als Supinator longus bezeichnet wurde, wirkt gewissermaßen als „Wächter" zwischen Pronation und Supination.

Die Zusammendrückbarkeit des vier Millimeter dicken Knorpelbelages des dreigliederigen Ellenbogengelenkes ergibt am distalen Ende des Unterarmes einen Bewegungsausschlag von zwei Zentimetern. Die radialwärts gerichtete Zugkraft des Brachioradialis in Verbindung mit dem Quadratus überträgt sich auf die Elle, demnach auf das Ellenbogengelenk.

Der Bizeps ist der einzige Muskel, der die Komponente hat, den Oberarm vom *Unterarm* her *einwärts* zu rotieren; ein Auswärtsdreher des Oberarmes von seiten eines Unterarmmuskels ist nicht vorhanden, *ein Hinweis auf dieBedeutung einer Einwärtsdrehung* des Oberarmes um seine Hauptlängsachse. Die zwangsläufig erfolgende Hand-, Finger- und Daumenpronation (Henke'sche Schrägachse) weist ebenfalls auf die Bedeutung der Muskelzusammenhänge hinsichtlich der *Einwärtsdrehung* hin.

Von entscheidender Bedeutung sind ebenso bindegewebliche Anlagen, wie die Dorsalponeurose der Finger, die Agonist und Antagonist miteinander verlöten, weiterhin der Langer'sche Achselbogen, welcher Spieler und Gegenspieler (M. pectoralis major und M. latissimus dorsi) verbindet, die sich jedoch in der *Einwärtsdrehung* des Oberarmes um die Hauptlängsachse synergistisch verhalten, das Schulterhöhen-Schlüsselbeingelenk (Art. acromioclavicularis) einbeziehend, weil die genannten Muskeln das betreffende Gelenk umgreifen.

Inwieweit das distale, proximale, humerale und das zweikammerige Handgelenk sich bei fixierter Speiche verhalten, wenn die Hauptlängsachse des Oberarmes und die Längsachse des Schulterblattes, die durch das Lig. coracoclavicularis verläuft, kommunizieren, bleibe hier nur angedeutet.

Die willens- und empfindungsmäßige Erfassung einer Gegensatzführung der Muskelsubstanzkräfte und die *Erlebnisfassung der Rotationsachsen* untereinander, erzeugt eine völlig neue Situation innerhalb des *psycho*-physiologischen Aufbaues des Muskel-Bewegungsapparates.

IV. Teil

Präambel.

Ich erlaube mir die *psycho*-physiologische Muskellehre als neue Disziplin vorzulegen, als eine *subjektiv-objektive* Wissenschaftslehre, in der die *Selbstsetzung des Widerstandes* organologisch zum Ausdruck gebracht wird; ein Beitrag zur Selbstentwicklung des Menschen. Die Entwicklung des menschlichen Lebens und seiner generellen Gesundung hängt meines Erachtens organologisch eng mit dem geistigen Erfassen des Muskel-Bewegungsapparates, dem die Lösung des *Bewegungs-Hemmungsproblems* zugrunde liegt, zusammen.

Der gegliederte Muskel-Bewegungsapparat gehört nicht nur der deskriptiven Anatomie, sondern ebenso den *psycho*-physiologischen *Grenzgebieten* an, zumal er der Beeinflußung des Willens unterstellt ist. Die Erforschung der funktionellen Zusammenhänge dieser Grenzgebiete erschließt ein neues, lebenaufbauendes Gebiet. Es geht hier nicht um die Übermittlung persönlich gesammelter Erfahrungen, sondern um den systematischen Aufbau im Bereich seelisch-körperlicher Belange, um die vom Organismus selbst konstituierten Gegebenheiten, letztlich um Richtlinien einer musischen Erziehung.

Der gegliederte Körper stellt für den Geist eine „innere Umwelt" dar; die Sinnestätigkeit wird nunmehr auf diese bezogen und löst eine *Empfindung* aus. In der Vorstellung wird die organische *Empfindung* durch das *Gefühl* überkrönt; die Amalgamierung beider Sensibilitätsäußerungen intensiviert das Seinserlebnis im Akte der Über-Zeugung.

Der Denkakt ist wohl Voraussetzung für die Erforschung der leibseelischen Substanz, jedoch die Einstellung selbst wird praktisch vom Denkakt befreit. Der Denkakt, der in unmittelbarem Zusammenhang mit einem lautlosen, stummen Selbstgespräch einhergeht, wird beim „kehlkopflosen" Training ausgeschaltet.

Es geht allein darum, den Ansatz des Willens an den betreffenden Körperregionen sachgemäß zu lokalisieren.

Die empfindungsmäßige Gliederung des Körpers ist zu kultivieren; ein empfindungsbewußtes Beisichsein. Das Empfindungserlebnis in wissendem Zusammenhang mit bestimmten Haltungen im gegliederten Bewegungsapparat ist Voraussetzung für einen psycho-organologischen Aufbau auf wissenschaftlicher Grundlage. Die vegetativen Reaktionen werden hier unmittelbar durch den Selbstwillen zur Auslösung gebracht.

Die organische Natur in ihrer schöpferischen Zielsetzung hat voraussehend für eine Weiterentwicklung des Lebens eine Anlage geschaffen, die zu betätigen ist. Bevor die menschliche Sprache in Erscheinung treten konnte, war eine komplizierte Umgruppierung organischer Teile erforderlich, bis der Geist auf dem Instrument Ansatzrohr und Kehlkopfapparat zu spielen vermochte und damit eine neue Wirklichkeit erschloß.

Goethe schrieb gegen Ende seines Lebens in einem seiner letzten Briefe an Wilhelm v. Humbold: „Die Tiere werden durch ihre Organe belehrt, sagten die Alten, ich setzte hinzu: die Menschen ebenfalls, sie haben jedoch den Vorzug, ihre Organe wieder zu belehren. Zu jedem Tun, daher zu jedem Talent, wird ein Angeborenes gefordert, das von selbst wirkt und die nötigen Anlagen unbewußt mit sich führt, deswegen auch so geradehin fortwirkt, daß es gleich die Regel in sich hat, es doch zuletzt ziel- und zwecklos ablaufen kann. Je früher der Mensch gewahr wird, daß es ein Handwerk, daß es eine Kunst gibt, die ihm zur geregelten Steigerung seiner natürlichen Anlagen verhelfen, desto glücklicher ist er."

Die psycho-physiologisch-anatomische Anlage ist auf eine *Gegensatzführung* der Muskelzugkräfte ausgerichtet, die dem menschlichen Willen untersteht. Diese Gegensatzführung ist Voraussetzung zur *Selbstsetzung des Widerstandes.* Ein umweltlich gebotener Widerstand, Gegen-stand, kann sozusagen in verfleischlichter Weise verlebendigt, verinnerlicht, vorweggenommen werden; ein Vorgang, der als eine Verselbständigung des Lebens von alleiniger Umweltmachtführung im Ausdruck psycho-physiologischer Vorgänge angesehen werden dürfte.

Bei gleichzeitiger Intätigkeitssetzung (Innervation), oder durch eine Gegensatzführung zwischen benachbarten Knochen, wird die *passive* Dehnung sowohl beim Agonisten als auch beim Antagonisten angefordert. Bei der passiven Dehnung verhält sich das betreffende Muskelfleisch sich nicht verdickend, zusammenziehend (kontraktiv), sondern zum Knochen hin *abflachend;* die Sehnen werden *attraktiv* dabei angezogen (Anspielung an die Attraktion).

Eine Aktion nach zwei divergierenden Bewegungsrichtungen hat einen *Dehnungsreiz* der Muskelsubstanz zu Folge, der in Längsrichtung verläuft. Die *gegenseitige* Dehnung in der Gegensatzführung, eine willens- und empfindungsmäßig angeforderte *psycho*-physiologische Aktion, habe ich als *aktive Dehnung* bezeichnet; sie ist die *hemmungsüberwindende* Muskeleinstellung. Das jeweilige Gelenk spielt eine wesentliche Rolle. Vermittelt die Gelenkssensibilität ein „Verklemmtsein", so ist diese Empfindung durch die Bewegungsfunktion des Muskels verursacht; entsteht im Gelenk die Empfindung, als ob das betreffende Glied sich quasi ablöst, so ist die hemmungsüberwindende Muskelfunktion in Anspruch genommen worden. Dynamische Bewegungsfreiheit.

Auch der Tonus der Muskeln bestimmt eine Richtungseinstellung des Gliedes (von nicht zehrender Art), wie beispielsweise die Beugehaltung der Finger oder die des Unterarmes.

Die Drehachse (Längsachse) beherrscht den organologischen Aufbau des Bewegungsapparates; so dominiert bei der Oberextremität die Einwärtsdrehrichtung, bei der Unterextremität die Auswärtsdrehrichtung. Von der Hand her kann eineKetteninnervation auf den Gesamtbewegungsapparat zur Auslösung gelangen.

Das *Gesetz der Bedingung*, das translogisch-transzendental, ja selbst der Transzendenz zukommt, gibt der Allwesenheit-Schöpfung eine Richtung, eine Gefühlsführung im Reich des „Bewußtseins überhaupt".

Psycho-physiologische Anatomie, als Grundlage der weiteren Entwicklung des Menschen.

An Hand der folgenden Auseinandersetzung wäre der Wissenschaftler, wie der sonstig interessierte Leser imstande, sich ein Bild von dieser neuen Disziplin zu machen, die an der Körpersubstanz Muskel ansetzend, durch naturgegebene anatomische und funktionelle Anlagen führend, dem geistigen und seelischen Menschen erst voll Rechnung zu tragen vermag, und damit eine neue Lebensebene erschafft, die auf die Kernfrage des menschlichen Seins Antwort gibt.

Der Begriff „Disziplin" von der Perspektive der naturwissenschaftlichen Methodik aus betrachtet, könnte vielleicht beanstandet werden, denn es handelt sich auf dem Gebiet der *psycho-physiologischen* Forschung um *Erlebnisse,* also um subjektiv bestimmte Erkenntnisse. Da jedoch die Reaktion des Organismus auf bestimmte Impulse hin, die der Wille zur Auslösung bringt, von allgemein gültiger Natur ist, so erlaube ich mir, von dieser Warte aus betrachtet, den Begriff Disziplin aufrecht zu halten, auch wenn hier verschiedene *Grenzgebiete* einbezogen sind.

Es handelt sich bei der psycho-physiologischen Forschung nicht um ein unkontrollierbares Vermengen zweier oder mehrerer Disziplinen, es geht vielmehr darum, das menschliche Sein durch diese Forschung auf eine höhere Wirkungsebene zu heben. Es geht letztlich um ein *Erlebnis-Wissen,* das vom einzelnen ausgeht, um zu etwas allgemein-menschlich-Verbindendem zu kommen. Es wird ein Boden errichtet, der vielleicht die künftige Persönlichkeits-Gemeinschaft zu tragen haben wird.

Auch wird der philosophischen Spekulation ein Fundament geboten, von dem aus der menschliche Geist, im Einklang mit der Zielsetzung der Schöpfung stehend, in die Lage versetzt wird, eine *bewußt-gewollte* Entwicklung von sich aus einzuleiten. Es handelt sich hier um den Ausgangspunkt zu einer neuen pädagogischen Einstellung, schließlich um eine allgemein gültige Weltanschauungsbildung.

Wenn ich die *Empfindung* dem Forschungsprinzip hier voranstelle und sie zum Ausgangspunkt geist-leib-seelischer Erziehung mache, so geschieht dies, um das Prinzip in seiner Bedeutung in Bezug auf das *Bewegungs-Hemmungsproblem* zu beleuchten. Erst die Lösung dieses Problems erschließt die Möglichkeit, allgemeingültige Empfindungen klarzulegen. Nur mittels der Empfindung ist eine praktische Trennung der Belange im Bereich der Muskeltätigkeit durchführbar.

Das Bewegungs-Hemmungsproblem ruht im Grunde auf biologisch-physikalischen Gegebenheiten. Das Problem *erzwingt* vom menschlichen Geiste eine Lösung; es verpflichtet den menschlichen Willen, sich aus der natürlich gebotenen *Trägheit* mit wissender Ent-schlußkraft herauszureissen, um damit die Grundlage einer vom Geiste her gesetzten weiteren Entwicklungsmöglichkeit zu erschließen und Sinn und Ziel-Strebigkeit des kosmisch-schöpferischen Willens im Bereich des Selbstbewußtseins zu versichtbaren.

Albert Schweitzer schreibt: „Die einzige Möglichkeit seinem Dasein einen Sinn zu geben, besteht darin, daß er sein *natürliches* Verhältnis zur Welt zu einem geistigen erhebt."

Zu der Frage des Bewegungs-Hemmungsproblems wurde ich, abgesehen von persönlichen Erlebnissen, aus folgenden Erkenntnisgründen gedrängt: alle unsere Bewegungen werden kraft der Erdanziehung gehemmt; folglich hat der Muskel außer der *Bewegungs*funktion noch eine *hemmungsüberwindende* Tragearbeit zu leisten. Es ist somit *inhaltlogisch* geboten, *zwei* Muskelgrundfunktionen anzunehmen und zu unterscheiden. Was logisch unterschieden werden muß, muß auch bio-logisch getrennt zur Auswirkung gelangen können und nicht minder *psycho*-physiologisch zu erfassen sein. Die Logik ist nicht nur eine formale, erkenntniskritische Angelegenheit, sie tritt auch inhaltlogisch, substanzlogisch in Erscheinung; das Abstrakte ist durchwegs verwirklichbar.

Die logische Unterscheidung von Bewegung und hemmungsüberwindender Arbeit setzt eine entsprechende substanzielle Anlage voraus. Diese Anlage tritt durch ein Substrat in Erscheinung, das unserem Willen und Bewußtsein unterworfen ist: in der Muskelfaser. Die mikroskopisch gegebenen histologischen Erscheinungen und die weiterhin logisch zu entwickelnden Kräftebeziehungen sind Gebiete, die vom Gesichtspunkt der *psycho*-physiologischen Erlebnisse noch beleuchtet werden müssen. Was sich im Großen aufbaut, kann bis ins Kleinste hinein verfolgt werden. Jede höhere Ordnung hat aber eine ihr zugehörige Eigentümlichkeit.

M. Heidenhain, ein tiefschürfender Forscher im Reiche des Organischen, schreibt in „Über die Grundlage einer synthetischen Theorie des tierischen Körpers": „Denn die kleinsten Formwerte treten stufenweise zu Verbänden oder Systemen oberer Ordnung zusammen, an denen neue Funktionen, neue Leistungen erkennbar werden, welche demgemäß als Systemfunktionen oder Gemeinschaftshandlungen der in einem System vereinigten Formwerte niederer Ordnungen zu bezeichnen sind."

So tritt unser Wille erst zum *ganzen* Muskel in eine *Empfindungsbeziehung;* von hier aus beeinflussen wir dann die kleineren Einheiten des Muskels, die nicht direkt unserem Willen unterstehen. Der menschliche Muskel-Bewegungsapparat ist an die Irritabilität der lebenden Substanz geknüpft.

Im niederen Tierreich gibt es, wie der Biologe v. Üxküll in seinem über Muskelfunktionen aufschlußreichen Werk „Umwelt und Innenwelt der Tiere" nachgewiesen hat, Muskeln, die der „Sperrung" dienen und solche, die die Bewegung bewerkstelligen. Dort ist also sogar eine anatomische Trennung der beiden Muskelgrundfunktionen gegeben. Wird die Bewegung gehemmt, so tritt die in Stoffwechselbeziehung als „nichtzehrende" gekennzeichnete Muskeltätigkeit in Aktion. Da jedoch *jede* Bewegung kraft der Schwerkraft gehemmt wird, so bedeutet diese Trennung keine vorbildliche Lösung für den menschlichen Willkürmuskel.

Die vielen Untersuchungen, die in chemischer, elektrischer und in anderer Hinsicht am Muskel gemacht worden sind, so scharfsinnig sie auch alle durchgeführt wurden und so überaus wertvolle Resultate diese Forschungen gezeitigt haben, können alle doch nur ein einseitiges Funktionsbild liefern, eben, weil das Muskelsubstrat nicht eine allein physiologische Gegebenheit darstellt, sondern, wie mehrmals schon betont, eine *psycho*-physiologische; unter diesem Gesichtspunkt wird es hier erstmalig behandelt. Der Muskel ist als Ganzes ein psycho-physiologisches *Objekt-Subjekt.*

Der funktionelle Teil der Muskelphysiologie in der deskriptiven Anatomie gibt auf diesbezügliche Fragen keinerlei Antwort. Selbst Hermann Braus, ein Forscher, welcher mit umfassendsten Kenntnissen die Anatomie vom Biologischen her verstand, und als Anatom wohl einer der bedeutendsten unserer Zeit war, hat das Bewegungs-Hemmungsproblem weder aufgeworfen, geschweige denn behandelt, wohl darum, weil es sich hierbei um eine *psycho*-physiologische Angelegenheit, um eine Muskeltätigkeit, die an den Willen gekoppelt ist, handelt.

Alles, was in der beschreibenden Anatomie, die eine Kunst der der Gliederung ist, aufgedeckt wird, — in der die Muskelschichten voneinander gesondert betrachtet werden, in der in genetischer Hinsicht die Wanderung der Muskeln verfolgt wird, zu welcher der Verlauf der Nervenbahnen ein Wegweiser ist... Ontogenese, Embryologie und andere Gebiete, die man heranzieht und die der Naturwissenschaft im allgemeinen angehören, weiterhin Pathologie und Kriegsverletzungen an Menschen, die man für die Klärung funktioneller Beziehungen auswertet, das große Gebiet der Orthopädie ... alles in allem nirgends stoßen wir auf einen Ansatz, die *Empfindung* zum Forschungsprinzip zu erheben.

In der systematischen Anatomie nimmt man die anatomischen Gegebenheiten einfach hin, ohne etwa die Frage aufzuwerfen, *weshalb* denn die betreffenden Muskeln von Natur ihre Ansatz- und Ursprungsanheftungen eben an *dieser* und an keiner anderen Stelle erhalten haben. Ich sehe hier von Muskelvarietäten ab, die interessante Aufschlüsse in genetischer Hinsicht geben.

Es wird nicht gefragt, warum ein und derselbe Muskel verschiedene Wirkungen auf die Glieder, deren Gelenke er überquert, besitzt. Weshalb beispielsweise die radialen Handwurzel*strecker* gleichzeitig die Komponente haben, den Unterarm *volar* zu flexieren. Vom psycho-physiologischen Standpunkt aus ist die Frage aufzuwerfen, weshalb die eben genannten Muskeln eine *solche* Lage eingenommen haben, um eine Streckung der Hand und Beugung des Unterarmes miteinander zu kombinieren! Es wird nicht gefragt, warum bestimmte Muskeln in ganz festen Führungen gehalten werden, wie z. B. die Sehnen der Fingermuskeln in den für sie reservierten osteofibrösen Kanälen, während andere Muskeln, wie etwa der Bizeps und der M. brachioradialis, bei ihrer Kontraktion in der Ellenbeuge unförmig vorquellen, und der Bizeps sich von seiner Unterlage, die der M. brachialis bildet, bis zu 5 cm abhebelt?, weshalb die radialen Handwurzelstrecker keinerlei Anheftungen am Unterarm haben und in der Lage sind, bestimmte lange Daumenmuskeln emporzudrücken, um sie dadurch zu reizen?

Psychologie und Physiologie erhalten erst ihre volle Bedeutung, wenn sie gemeinsam für den geist-leib-seelischen Aufbau des Menschen auf das Menschsein hin bezogen, herangezogen werden. Weshalb schreckt man in Fachkreisen davor zurück, die Empfindung zu den Muskelzugwirkungen und -auswirkungen heranzuziehen, obwohl die Empfindung das Leben erst zu etwas *Wesensvollem* macht? Die Empfindung ist ja unlöslich mit dem Subjekt verwoben; befürchtet man das zu erforschende Objekt zu subjektivieren?

Allerdings wäre die Empfindung als solche für die Erforschung der Muskelzusammenhänge zu subjektiv, wenn nicht das Subjekt für seinen Ausdruckswillen, für seine Auseinandersetzung mit dem Leben, eine ganz bestimmte Richtschnur für die psychosomatische Einstellung erhält, eine Richtschnur, die dem Subjekt seine unbedingte Entfaltungsmöglichkeit erschließt. Dieser Umstand zwang mich, in mehr denn fünf Jahrzehnte währenden Forschungen immer wieder das eigene Leben zu befragen, oder auch in verschiedenen Kreisen nach Vorkommen und Art organischer Empfindungen zu forschen, die sich beispielsweise beim gestaltenden und ausübenden Künstler einstellen, wenn dessen

Interpretation gelingt. Denn die Empfindung ist Voraussetzung für das Können, das vom Gefühl überkrönt wird.

Ich konnte nicht umhin, auch unter den Schriften und Äußerungen namhafter Virtuosen Umschau zu halten; vortreffliche Bemerkungen kamen in der diesbezüglichen Literatur zum Vorschein, aber sie genügten keineswegs, eine präzise Antwort auf die gestellten Fragen zu geben. Immer wieder mußte am Selbst geforscht werden, mußten die eigenen Empfindungen belauscht, der sensible Nervenapparat in Anspruch genommen, mußte aus dem „ganzen Menschen" (Schweninger) geschöpft und die gewonnenen Erkenntnisse und Erlebnisse letztlich mit dem anatomischen Material in Einklang gebracht werden.

Fichte schrieb vor hundertfünfzig Jahren in seinen „Reden an die deutsche Nation": „Die Anführung des Zöglings, zuerst seine *Empfindung,* sodann seine Anschauungen sich klarzumachen, mit welcher eine folgegemäße Kunstbildung seines Körpers Hand in Hand gehen muß, ist der erste Hauptteil der neuen deutschen Nationalerziehung. Alles kommt hierbei auf die naturgemäße Stufenfolge an und es reicht nicht hin, daß man mit blinder Willkür hineingreife und irgendeine Übung einführe... In dieser Rücksicht ist nun noch alles zu tun, denn Pestalozzi hat kein Abc der Kunst geliefert. Dieses müßte erst geliefert werden, und zwar bedarf es dazu eines Mannes, der in der Anatomie des menschlichen Körpers und in der wissenschaftlichen Mechanik auf gleiche Weise zuhause, mit diesen Kenntnissen ein hohes Maß philosophischen Geistes verbände."

Kommen wir nunmehr dem Bewegungs-Hemmungsproblem näher. Jede Bewegung eines Körperteiles löst eine Empfindung aus. Ob der Muskel verdickt und zusammengezogen oder gelockert, „losgelassen" wird, dementsprechend werden wir die Empfindung in der in Frage kommenden Muskulatur, resp. in den betreffenden Gelenken, erleben. Wenn man allein die *Bewegungs*funktion des Muskels in Betracht zieht, werden wir eine bestimmte Empfindung feststellen, die sich qualitativ von derjenigen unterscheidet, wenn der Muskel jene Einstellung bezogen hat, die im Zusammenhang mit der *hemmungsüberwindenden*

Arbeit steht. Bei der Lösung des bestehenden Bewegungs-Hemmungsproblems kann es sich nicht mehr um eine relative, sondern nur um eine absolute, allgemeingültige Äußerung des psycho-organischen Lebens handeln. Wäre das Leben nicht der Erdanziehung unterworfen, so käme nur die Verkürzung, Zusammenziehung (Kontraktion) des Muskels in Frage, die in Verbindung mit dem Gelenk in Beziehung zum Bewegungsvorgang steht.

Wie kommen wir nun an die hemmungsüberwindende Muskelgrundfunktion *praktisch,* also willens- und *empfindungsmäßig* heran? Gibt es eine Möglichkeit, bewußt-gewollt in die hemmungsüberwindende Funktion des Muskels einzudringen, oder sind wir gezwungen, mit der Bewegungsfunktion auch die hemmungsüberwindende Arbeit mit zu leisten. In diesem Falle wäre das besagte Problem unlösbar und wir ständen vor einer *substanzlosen* Logik.

Die Frage, worin die richtungsgebende Empfindung des Subjektes bei der hemmungsüberwindenden Arbeit besteht, muß ich vorweg mit einer *Dehnungsempfindung* beantworten. Ebenso vorwegnehmend muß ich darauf hinweisen, daß es sich bei dieser Dehnung nicht um die *passive* Dehnung, die beim *Bewegungsvorgang* in Erscheinung tritt, handelt, wobei der jeweilige Muskelgegenspieler (Antogonist) gedehnt wird, während der Muskelspieler (Agonist) sich kontrahiert, sondern um eine *aktive Dehnung.* Unter aktiver Dehnung, einem von mir geprägten Erlebnisbegriff, verstehe ich einen *willentlich* hervorgerufenen Zustand im Muskelfleisch, der mit einer „*Explosivspannung*" einhergeht.

Kontraktion und passive Dehnung sind *zwei* einander entgegengesetzte Kräftestrebungen des Muskels. Die passive Dehnung ist eine *Tätigkeit* der lebenden Substanz und keineswegs ein physikalisch-elastischer Vorgang, etwa im elastischen Bindegewebe. Eine *kontraktile* Tätigkeit hat auch in chemischer Hinsicht eine andere Auswirkung als es beim passiv gedehnten Muskel der Fall ist.

Stellen wir fest: passive Dehnung und Kontraktion sind in der

Natur der Muskelsubstanz sich auswirkende Anlagen; sie verhalten sich konträr zueinander, wirken jedoch in der *Bewegung* eines Gliedes füreinander und verlaufen unbewußt. Der passiv gedehnte Muskel übt auf seine Endsehne (Insertionssehne) eine Anziehungskraft aus; erst dieser Gegenzug läßt eine elastische Bewegung überhaupt zu.

Sauerbruch schreibt: „Der Gegenmuskel überwacht die durch den Arbeitsmuskel erzeugte Bewegung, stellt durch einen bestimmten *Widerstand* ihre Gleichmäßigkeit her, unterbricht sie rechtzeitig durch stärkeren Widerstand und hält das bewegte Glied mit dem Arbeitsmuskel (Agonist) in der gewollten Stellung fest."

Sauerbruch bleibt uns aber die Erklärung schuldig, auf welche Weise dieser Widerstand zustande kommt. Ist es ein verstärkter Tonus, der ihn bewirkt? Ein physiologisches Gesetz lautet, daß dem jeweils passiv gedehnten Muskel die Nervenkraft zufließt. Hält man bekanntlich ein Tier vom Nacken her freischwebend so zieht es seine Hinterbeine hoch (myotaktischer Reflex, Sherington). Diese Erscheinung wird dadurch bewirkt, daß die Beuger von der Schwerkraft in gedehnten Zustand versetzt werden; nachweislich findet dabei kein „zehrender" Stoffwechselumsatz statt. Daraus wird ersichtlich, daß es noch eine andere Zugwirkung gibt, als die von der Fibrillenkontraktion ausgehende.

Es gibt Fälle, wie etwa bei der Vorbeugung des Rumpfes, welche von den Rückenmuskeln bewerkstelligt wird, wo Muskeln einerseits die Bewegung ausführen und andererseits *gleichzeitig* sich nachgebend verhalten und das Gewicht des Rumpfes auf sich nehmen; hier sind Spieler und Gegenspieler vereint wirksam. Im allgemeinen jedoch verlaufen Agonist und Antagonist getrennt voneinander, auch wenn sie von Faszien zusammengehalten werden. In den psychischen Zentren sind die Muskelindividuen zusammengefaßt, so daß die Innervation *zugleich* zwei Impulse einschließt: Kontraktion und passive Dehnung.

Das Phänomen der Dehnung erhalten wir willens- und empfindungsmäßig durch eine *Gegensatzführung* von Zugkräften. Zuvor eine Vorstellungsübung, um *gefühlsmäßig* eine Dehnung zu erleben, gefühlsmäßig deshalb, weil es sich hier um eine Vorstellung handelt.

Man ziehe beispielsweise an einem Tau, das zu gleicher Zeit in entgegengesetzter Richtung gezogen wird. Einmal projizieren wir in das Muskelfleisch die Vorstellung und den Impuls hinein, daß die Zugkraft sich durch alleiniges *Verdickenwollen* der betreffenden Muskulatur auswirkt, das andere mal aber so, daß wir trotz des Ziehens am Tau uns von demselben gleichzeitig ziehen lassen und uns auch *dem Gegenzug* hingeben. Die Qualität der Gefühls-Empfindung wird beide Male völlig verschieden sein. Zieht man mit einem Verdickenwollen die Muskeln, so löst dies eine Empfindung von Anspannung aus, die schwerfällt und schnell ermüdet; zudem ist dies von einem Gefühl des Unbehagens begleitet. Im zweiten Vorgang hingegen empfindet man einen innere Kräfte akkumulierenden Zustand. Die in Frage kommende Muskulatur wird hier in *gedehnten* Zustand versetzt. Die Dehnung löst im Muskelfleisch eine Abflachempfindung zum Knochen hin, also in Querrichtung aus. *Eine solche Abflachungstendenz kann auch in der Ruhelage des Gliedes angefordert werden.*

Welch einen Einfluß das Vorstellungsleben auf die Muskeleinstellung ausübt, kann im Selbstversuch auch auf folgende Weise festgestellt werden. Man belausche den Empfindungszustand im Gesamtmuskelfleisch des Armes, wenn beispielsweise die gehobenen Finger, die verhältnismäßig schwer sind, da der Tonus der Beuger zum Eigengewicht der Finger hinzukommt, oder der gehobene Arm *gedanklich* auf einen Gegenstand gestützt werden. Auch stelle man sich den Arm bloß gehoben vor, der auf einem wiederum vorgestellten Gegenstand aufruht; diesenfalls wird sich der Empfindung das Gefühl im Belauschungsakt beigesellen. Beim vorstellungsmäßigen Abstützen verspürt man ein „Loslassen", ein Abflachen im Muskelfleisch, trotzdem der Arm nicht niedersinkt.

Beim gedanklich abgestützten Arm wird das Gewicht des Armes empfindungsbewußt; ein Zug nach abwärts, der von der Erdanziehung verursacht wird, reizt und dehnt die betreffenden

Muskeln. Hebt man aber beim gehobenen Arm, beziehungsweise der Finger, den Zug nach aufwärts auf, so erhalten wir dieselbe Empfindung, wie beim gedanklichen Abstützen. Auch beim Tragen eines Gewichtes mit der Hand, kann der Abwärtszug desselben gegen das anhebende Tragen besagten Gewichtes empfindungsmäßig ausgespielt werden. Werden die betreffenden Muskeln nur als Tragegurt gebraucht und damit zum physikalischen Substrat erniedrigt, so kann das zu Nervenentzündungen führen. Der Sinn des Lebens läuft auf eine Verlebendigung einer Ebene auf eine mit Bewußtsein erfülltere Ebene hinaus.

Kommen wir nunmehr auf die Dehnungsvorgänge zu sprechen, wobei effektiv Glieder gleichzeitig in verschiedene Richtungen in Bewegungs*strebungen* gebracht werden. In diesem Zusammenhang eine Ausführung des Anatomen Hermann Braus über eine bestimmte Anlage in der Region der Handfläche. Braus führt aus: „Die Sehnen der langen Fingerstrecker breiten sich an der Rückseite eines jeden Fingers aponeurotisch aus, welche wie ein dünnes Tuch über die drei Phalangen gebreitet ist, Dorsalaponeurose. Die Basis ist besonders breit und hängt mit je zwei Zipfel zu beiden Seiten der Grundphalanx nach der Hohlhand zu über. Die Dorsalaponeurose ist befestigt an den Basen der Mittel- und Endphalangen". (Erster Band: „Anatomie des Menschen"). Mittels der Dorsalaponeurose sind wir in der Lage, den gemeinsamen Finger*strecker* und die kurzen *Beuger* der Fingergrundglieder, also Muskelspieler und Gegenspieler, gleichzeitig gegeneinander auszuspielen. Die Fingergrundglieder werden von der Handfläche her in Streckstrebung und vom Rücken derselben in Beugestrebung versetzt.

In der Achselregion sind wir beim Heranziehen des Oberarmes in Einwärtsdrehrichtung gegen den Rumpf in der Lage, den großen Brustmuskel und den breitesten Rückenmuskel (Agonist und Antagonist), die durch den Langer'schen Achselbogen miteinander kommunizieren, gleichzeitig zu innervieren. Beide wirken in diesem Fall nach dem Gesetz des Kräfteparallelogramms. Eine unbewußt geleitete Gegensatzführung der Muskelzugkräfte findet z. B. beim Hochheben (Elevation) des Armes statt, wobei der Trapezmuskel das Schulterblatt zurückzuhalten hat, um dem großen Sägemuskel (M. serratus anterior superior) die Möglichkeit zu geben, das Schulterblatt zu drehen, was Bedingung für die Elevation des Armes ist; zwangsläufig findet dabei eine Rotation des Schlüsselbeines statt. Ohne Widerstandsetzung von seiten des Trapezmuskels würde der Sägemuskel den ganzen *Schultergürtel* (Cingulum) gegen den vorderen Brustkorb ziehen und eine Rotation des Schulterblattes nicht zulassen.

In Bezug auf eine *Selbstsetzung des Widerstandes* ein weiteres Beispiel: Der Unterarm besteht aus zwei Knochen; der eine, die Elle, bewegt den Unterarm in Beuge- oder Streckrichtung, der andere, die Speiche, kann nur von ihren zuständigen Muskeln gedreht werden. In ihren Nebenwirkungen jedoch können diese Drehmuskeln der Speiche den Unterarm beugen. Eine Beugung des Unterarmes von seiten der Speichenmuskeln kann sich also gegensätzlich zur Streckung der Elle verhalten. Da der Bizeps (Auswärtsdreher der Speiche) u. a. die Komponente hat, den Oberarm *einwärts* zu rotieren und ihn zu antevertieren, während der Trizeps, der die Elle streckt, in seiner Komponente den Oberarm adduziert, so bewirkt eine Simultaninnervation genannter Muskeln, die am Unterarm inserieren, eine bestimmte Bewegung des Oberarmes. Die neue Bewegung, beziehungsweise Zugrichtung, die in der Ellenbogenregion durch die besagte Gegensatzführung angefordert wird, ist weder eine Beugung noch Streckung des Unterarmes, obwohl sie beide *Strebungen empfindungsmäßig einschließt,* sondern ein *Heranziehen* des Unterarmes mitsamt dem Oberarm *seitwärts* gegen den Rumpf. Es sind wieder zwei Körperglieder, die gegeneinander Stellung nehmen, einander einen Widerstand setzen — Selbstsetzung des Widerstandes — um zu einer synthetisierenden körpertechnischen Vervollkommnung zu gelangen.

Die Kompensierung gegensätzlicher Kräfte schließt eine neue Bewegung des betreffenden Gliedes ein, dessen Gelenk sie überqueren. Wird, wie bereits ausgeführt, das Grundglied der Finger *gleichzeitig* in Streck- und Beugestrebung versetzt, so werden beide Bewegungstendenzen kompensiert und haben, dank einer besonderen anatomischen Veranlagung (Dorsalaponeurose der Finger) eine Streckbewegung der beiden anderen Fingerglieder (Mittelfingerglied und Nagelglied) zu Folge.

Ähnliche Beispiele könnten x-beliebig angeführt werden. Welche *psycho*-physiologischen Aufschlüsse könnten sich daraus ergeben? im Bereich der Muskelfasersubstanz ist die *passive* Dehnung sowohl beim Muskelspieler als auch beim Gegenspieler in der Anlage gegeben. Bei einer gleichzeitigen Intätigkeitssetzung (Innervation) von Muskelspieler und Gegenspieler, oder durch eine Gegensatzführung zweier Körperglieder gegeneinander, wie etwa eine Schulterblattdrehung im Schulterhöhen-Schlüsselbeingelenk und eine Einwärtsdrehung des Oberarmes im Schultergelenk, wird *beidseitig* die passive Dehnung angefordert; es käme eine *attraktive* Anziehung der betreffenden Endsehnen zustande, im Gegensatz zur *kontraktiven* Anziehung derselben beim Bewegungsvorgang. Wenn bei einer simultanen Innervation von Agonist und Antagonist auch keine Bewegung zustande kommt, so ist im Impuls für eine Bewegung, die sich in diesem Fall nur in einer Beuge- und Streck*strebung* der Fingergrundglieder äußert, nichtsdestoweniger die passive Dehnung mittätig, da sie an den Bewegungswillen gekoppelt ist, auch wenn nur eine Bewegungs*strebung* zur Auswirkung gelangt. Damit verbunden ist eine *attraktive* Anziehung der Endsehnen.

Der willensmäßig erfolgten attraktiven *psycho*-physiologischen Anziehungskraft steht die geophysische Anziehung gegenüber, — also gewissermaßen eine *Verlebendigung* einer umweltlichen Energie: Aufrücken auf eine höhere Seinsebene auf der Grundlage charakterlicher Lebenseinstellung.

Die *psycho*-physiologische Energieausstrahlung des Willens kann im Vergleich mit der Erdanziehung als psychische Attraktion bezeichnet werden. Der Wille kann als verlebendigte Attraktion gedeutet werden. Somit gelangen wir zu einem *kosmischen* Erleben im Bereich des eigenen gegliederten Muskel-Bewegungsapparates. In diesem Fall wird der Wille nicht für die Kontraktion, sondern für die *Dehnung* eingesetzt, also nicht für die Bewegung, sondern für die *hemmungsüberwindende* Arbeit; das betreffende Muskelfleisch *flacht sich dabei ab*. Wird die Endsehne jedoch mit der Zusammenziehung allein angezogen, so heißt das, die hemmungsüberwindende Arbeit an die *Bewegungsfunktion* koppeln, was zur Unfreiheit in der Bewegung führt.

Zu der willentlichen Anziehung kommt beim Bewegungsvorgang die Kontraktion hinzu, die nunmehr von der Tragearbeit (hemmungsüberwindende) abgekoppelt ist. Das Bewegungs-Hemmungsproblem setzt zwei Wirkungsarten der lebenden Substanz voraus. Der Mechanismus, welcher der Bewegung zugrunde liegt, wirkt sich automatisch, unbewußt aus; hier gelangt allein die Absicht des Subjektes für eine *Bewegung* zur Auswirkung, während bei der hemmungsüberwindenden Aktion eine *tatkräftige* Handlung von seiten des Subjektes mit erlebniswissender Einstellung zum Ausdruck gelangt.

Die gekennzeichnete synthetisierende Einstellung des Willens stellt ein neues Wirkungsbild dar, aus dem das Leben sich lebenssteigernd erhöht und als *Dehnungsspannung* empfindungsmäßig manifestiert.

Die Gegensätzlichkeit der Muskelzugstrebungen untereinander, die unbewußt koordiniert von statten geht, ist willens- und empfindungsmäßig im Lichtbewußtsein schöpferischen Könnens zu erfassen. Diese gegensätzlich zueinander sich verhaltenden Kräfte können intensiviert zum Ausdruck gebracht werden und sind dazu angetan, die in Frage kommenden Muskelkomplexe zu reizen, d. h. sie in *gedehnten Zustand* zu versetzen, angetan, eine *Selbstsetzung des Widerstandes* zwecks Erhöhung organischen Könnens zu bewerkstelligen, dem Ausdrucksbedürfnis der Seele dienend.

Der Akt der Selbstsetzung des Widerstandes (Gegen-standes) bedeutet, daß die äußere *umweltliche* Hemmungskraft-Bindung in verlebendigter, verinnerlichter Form ersteht, bedeutet eine Verselbständigung des geist-leib-seelischen Menschen durch Selbstbindung, durch Ent-bindung. In der *psycho*-physiologisch-anatomischen Disziplin handelt es sich um Willensbeziehungen im Muskel-Bewegungsapparat, um den Gemeinschaftsaufbau des gegliederten Körpers. So ist die systematische Verarbeitung der anatomischen Gegebenheiten eine andere, als die, welche in der deskriptiven Anatomie gehandhabt wird.

Der Gesamtorganismus wird den kosmisch-physikalischen und chemischen Kräften gegenübergestellt, um sich in seiner Totalität für die Beantwortung der auf ihn einwirkenden Reize einzusetzen. Das Leben, die lebende Substanz, wird in eine kosmisch-physikalisch sich auswirkende Wirklichkeit gestellt und hat den Seinsbedingungen Rechnung zu tragen.

Doch ist diese Substanz auch noch einer anderen Energieausstrahlung unterworfen: *dem menschlichen Willen.* Darauf sollte unsere ganze Aufmerksamkeit gerichtet sein. Da, wo wir das leib-seelische Sein geistig erheben, ist es uns von vornherein gegeben, ein Gebiet zu erschließen, das mit neuen Wirklichkeits-Erhellungen erfüllt ist. *Mit der Lösung des naturbedingten Bewegungs-Hemmungsproblems wird dem menschlichen Geist eine Lebensebene erschlossen, deren allgemein positive Auswirkung noch gar nicht abzusehen ist.*

Wille und Erdanziehung sind Kräfte, die von verschiedenen Seinsebenen her auf die Muskelfaser einwirken und sie reizen. Mittels der Muskelfaser erhält die Hand des Geistes, der Wille, die Möglichkeit, das eigene Sein zu gestalten und durch leibliches Können dem Ausdrucksbedürfnis der Seele ihre substanzielle Grundlage zu geben.

Das organische Leben wird von psychischen und physischen Kräften gereizt und zur Reaktion herausgefordert. Die Muskelfaser stellt ein Vermittelndes zwischen den vom Geiste her dirigierten Innen- und Umwelten dar. Attraktion auf der Ebene kosmischen Geschehens und Muskelattraktion auf dem Gebiet *psycho*-physiologischer Vorgänge und weiterhin der Wille, der sich in *selbstbewußter* Weise ebenfalls *geist*-seelisch attraktiv dokumentiert, treten hier einander gegenüber.

Der Tonus, der in der Muskulatur ständig herrscht, wird auf jene Reizung der lebenden Substanz zurückgeführt, welche von der Erdanziehung ausgeht. Der Altmeister der Physiologie, Johannes Müller, hat die Dauervibration, den Tonus, als eine Innervation in Permanenz erkannt. Daß dieser Vorgang durch

Reizung der sensiblen Nerven vollzogen wird, und zwar auf reflektorischem Wege, hat Brondegeest nachgewiesen. Bereits Langelaan hat darauf hingewiesen, daß der Tonus die Resultante zweier Vorgänge sei: der Zusammenziehung und der Dehnung. Eine willentlich hervorgerufene Gegensatzführung der Muskelzugkräfte untereinander zwecks *Dehnungs*spannung gibt dem betreffenden Körperteil die Möglichkeit zur versichtbarten Vibration: mikrokosmische und makrokosmische Vibration. Nach einem physiologischen Gesetz fließt die Nervenkraft dem jeweils *gedehnten* Muskel zu. Es steht auch fest, daß die Dehnung des Muskelgewebes, wie es einwandfreie Messungen mit dem Galvanometer erwiesen haben, zu höherer elektrischer Spannung im Muskel führt. Das Gewebe wird sozusagen elektrisch geladen. Ob diese hemmungsüberwindende Dehnungsaktion „zehrend" oder „nicht zehrend" vor sich geht, muß einstweilen noch dahingestellt bleiben. Die durch die Schwerkraft hervorgerufene Reflexhaltung bei Tieren ist, wie Sherington nachgewiesen hat, eine Arbeitsleistung von *nicht* zehrender Art.

Bekanntlich haben die Vögel einen beschleunigten Blutkreislauf und eine höhere Temperatur; nach Forschungen von Lhakovsky (Paris) haben sie auch eine größere Ausstrahlung, als die Säugetiere. Diese Erscheinungen sind m. E. allein auf die hemmungsüberwindende Muskelfunktion, also auf die *Dehnungsspannung* zurückzuführen, zumal hier das Gewicht der Glieder auf einem weniger widerstandsfähigen Boden, nämlich der Luft, zu tragen ist, was eine erhöhte Arbeitsleistung, besonders im An- und Aufflug erfordert.

Der willentlich hervorgerufene *Eigenreiz* bei der Gegensatzführung der betreffenden Muskelzugkräfte, bei intensiviertem Abflachungsstreben der Muskeln, kann als bioelektrischer, vielmehr *psycho*-bioelektrischer Vorgang angesprochen werden. Es werden sozusagen Aktionsströme hervorgerufen und die Nervenplexi auf Kontaktbahnen miteinander in Verbindung gesetzt, wobei im Muskel die Empfindung der Kraftladung entsteht.

Ich möchte bemerken, daß bei einer intensiveren Beanspruchung der aktiven Dehnung der Puls beschleunig wird und die Pupillen sich erweitern; das würde darauf schließen lassen, daß dem Sympathicus Reize zugeleitet worden sind. Übrigens ist bei allen aktiven Dehnungsvorgängen im Bereich der Muskulatur eine Reaktion in der Magengegend zu verspüren. Als zwangsläufige Folgeerscheinung vertieft sich die Atmung. Es ist wahrscheinlich, daß der Plexus coeliacus gereizt wird und so empfunden werden kann, zumal der große Eingeweidenerv (N. splanchnicus major) über sensible Äste verfügt. Da die Atmung in Mitleidenschaft gezogen wird, findet eine Reizung des Zwerchfellnervs (N. phrenicus) statt.

Eine scharfe Trennung zwischen dem Zerebrospinal-Nervensystem und dem unbewußten, vegetativen Nervensystem ist nicht aufrecht zu halten; beide Teile bilden in physiologischer, wie psycho-physiologischer Hinsicht eine funktionelle Einheit.

Die Muskelzelle ist einem Zimmer vergleichbar, das mehrere Radioempfänger und Sender enthält. Nachrichten, die in die Muskelzelle durch die verschiedenen dort einmündenden Nervenfasern einlaufen, werden von der Zelle aufgefangen und weitergegeben. Es findet ein Austausch der Ereignisse und ein entsprechendes Reagieren der Muskelzelle darauf statt. So kann dieselbe als idealer Vermittler zwischen den Nervensystemen und anderen Regulationen fungieren. Der Großhirn-Mensch findet Zugang zu innerorganischen Vorgängen.

Jede nervöse Reizung in der Muskelzelle bewirkt eine Binnenelektrolyten-Verschiebung in derselben; diese Binnenelektrolyten stehen mit den in der Nährflüssigkeit der Zelle enthaltenen Außenelektrolyten in Wechselbeziehung. Die vom Zentralnervensystem aus gereizte Muskelzelle kann durch die Vermittlung der Außenelektrolyten das vegetative Nervensystem rückwirkend beeinflussen. Hiermit wäre der mechanische und chemische Einfluß des Willkürnervensystems auf vegetative Systeme überhaupt gekennzeichnet.

Da vegetative Nervenfasern in der Skelettmuskelfaser nachgewiesen worden sind, so ist auch ein gangbarer anatomischer Weg zur Beeinflussung der vegetativ gesteuerten Regulationen gegeben. Es wäre durchaus zu verstehen, daß das vegetative Nervensystem, welches im Zusammenhang mit dem Zerebrospinalnervensystem eine höhere biologisch funktionelle Einheit darstellt, zu lebenssteigerndem Einsatz gelangt, wenn der corticale Mensch mittels seiner im Gehirn gelagerten Pyramidenzellen in ein willentliches empfindungsbewußtes Verhältnis zu seinem gegliederten Muskel-Bewegungsapparat tritt.

Wir haben verschiedene Möglichkeiten, das unbewußt sich auswirkende Nervensystem zu beeinflussen: mittelbar durch Einwirkung auf das im Zwischenhirn (Dienzephalon) gelagert sogenannte Stimmungszentrum und unmittelbar durch die Skelettmuskulatur. Ein Beherrschen unseres gegliederten Muskel-Bewegungsapparates löst Freude aus, wie das beim gestaltenden und interpretierenden Künstler am überzeugendsten zum Ausdruck kommt. Freude ist die Urquelle des Lebens. Freude genügt, um als Stimmungsfaktor die inneren Organfunktionen günstig zu beeinflußen, den lebensbejahenden Regenerationsprozeß zu zeitigen. Die Haargefäße öffnen sich und das Blut pulsiert durch die Zellverbände.

Hermann Braus schreibt im zweiten Band seines Hauptwerkes „Anatomie des Menschen": „In dem nervösen Zusammenhang zwischen den Zentralorganen des Nervensystems und den Blutkapillaren zeigt sich ein Weg, welcher die Abhängigkeit organischer Erkrankungen des Körpers von psychischen Leiden begreiflich erscheinen läßt. Seelische Vorgänge können auf dem Weg über den Sympathicus die Haargefäße beeinflußen und dadurch Funktionen der Organe nach der gesunden oder kranken Seite hin leiten."

Es ist sehbstverständlich, daß bei seelischer Bedrückung auch eine körperliche Beklemmung, ein Gehemmtsein entsteht. Ist man imstande, den Körper in befreite Form zu bringen, ihn gewissermaßen zu „stimmen", so wirkt man rückwirkend auf den seelischen Zustand positiv ein. Freude am Gelingen ist höchste Freude, ist Lösung der Seele. Wie berichtet doch der alte Galen:„ Denn so groß ist die Macht des Geistes, daß viele durch Freude allein von Krankheit befreit werden und viele durch Traurigkeit erkran-

ken." Vor mehr als hundert Jahren hat der Psychiater Zeller den Ausspruch getan: „Das Gesunde im Kranken anzuregen."
Zum Muskelphänomen zurückkommend: leistet man die Arbeit nur mit der Zusammenziehung der in Frage kommenden Muskeln, so bedeutet das, die Muskelpotenz herabsetzen und den Muskel mit Milchsäure überschwemmen. Mit der Zeit treten pathologische Zustände ein. Die Dauervergiftung des Protoplasmas zeitigt in der lebenden Substanz eine zähflüssige Quellung; sie führt so zur Anstraffung, zur Verhärtung der Sehnen, zu Gelenkversteifungen und weiterhin zu schweren und schwersten Reizungen der Nerven und Schädigungen des Körpers.
Es kommt außerdem zu Pressungen im Muskelgewebe, zu einer gewaltsamen Unterdrückung des Blutkreislaufes; es kommt zu Stauungen in den Venen. Eine Anzahl der Skelettmuskeln, wie beispielsweise der M. omohyoideus steht unmittelbar in Beziehung zu den Venen.
Treffend schreibt N. Wiltz in einer Arbeit über „Muskeltherapie", die, sich auf meine Muskelforschung stützend, aufgebaut wurde: „Nerven, Gefäße, Drüsen und Organe, vor allem die Gelenke werden bei unsachgemäßer Muskelbeanspruchung dauernd unter Druck gehalten. Durch eine krampfartige Muskelzusammenziehung der autochthonen Rückenmuskeln, der kurzen und der langen Rückenmuskulatur, wird ein Dauerdruck in den Gelenken der Wirbel verstärkt verursacht. Die Folgen sind Entzündungen, Verlagerungen, Veränderungen und Schmerzen aller Art. Hat man schon über die eigentliche Ursache der so überaus zahlreichen rheumatischen und arthritischen Erkrankungen, der Gelenkentzündungen usw. Forschungsergebnisse? Hat man je die dauernd kontrahierte Muskulatur dafür zur Verantwortung gezogen? Sind das nicht Erkrankungen innerhalb des *Bewegungsapparates*, durch falsche Funktionen desselben hervorgerufen, deshalb auch von dort her zu behandeln?!
Verbraucht man aber die vollzogene Dehnung nicht für eine nun zu vollziehende Bewegung eines Gliedes, so wird die Kraft im Muskel belassen und dient zur Akkumulierung der Kräfte, was bei Muskelschwund z. B. einen Heilprozeß einleitet; empfin-

dungsmäßig äußert sich dieser Zustand als Kraft — resp. Explosivempfindung."

Der Wille kann bereits in der Ruhelage eines Körperteiles eine Abflachstrebung anfordern. Bekanntlich hängen die Muskeln nicht nur mit dem Skelett, sondern ebenso mit dem sogenannten „Hautskelett", den Faszien zusammen. Es ist deshalb nicht bedeutungslos, in welcher Weise die Muskeln willens- und empfindungsmäßig auf jene organischen Systeme einwirken, die den vegetativen Regulationen unterstehen. Durch die Faszien ist ein eigenartiger Zusammenhang mit innerorganischen Vorgängen gegeben, und zwar, wie bereits angeführt, durch die Beziehung der Faszien zum Blutkreislauf, als Saugapparat für Lymphe und Blut, sowie zum Chemismus des Körpers mittels der Faszienverbindung mit endo- und exokrinen Drüsen. Nerven sind sowohl an den Faszien wie an den Sehnen festgestellt worden (E. v. Frey); besonders Goldscheider betont ihre Sensibilität bei Druck und Spannung.

Das Protoplasma in der Muskelfaser ist ein nicht ausspezialisierter Bestandteil der Ursubstanz überhaupt. Ein Klümpchen Leben vollzog im Laufe der Entwicklung, durch ein Wunder der Ausspezialisierung und Differenzierung, die Organisierung des menschlichen Lebens. Die Reizbarkeit der Substanz lebt in der Muskelzelle weiter, sicher dazu bestimmt, der Weiterentwicklung zu dienen. Die generelle Gesundung des Menschen sehe ich im Einsatz des Willenshebels, zwecks sachgemäßer Einbeziehung der Skelettmuskulatur, soweit sie dem Willen und damit dem Geiste zugeordnet ist. Hier ist ein organischer Boden gegeben, auf welchem Kräfte zur Auswirkung gebracht werden können, die der Zielsetzung des irdischen Daseins dienen.

Welch eine Leistung war es im Reiche des Lebendigen, als das Weichtier sich eine festgefügte Stütze, eine „Knochenerde" aufbaute! Welch eine unerhörte physiologische Tat, als das Tier sich eine Wärmeregulation schuf und zum Warmblüter und Säugetier aufrückte! Der Lebensausdruck wurde hierbei entscheidend verändert. Im Schoße des Warmblüters und des Säugetieres wurde der Mensch ausgetragen. Welch eine organische Lei-

stung, das gesamte Sprechorgan anzulegen, auf dem der Geist durch den Menschen eine neue Bewußtseinswirklichkeit zu offenbaren vermochte!
Jeder Entwicklungssprung hatte eine Umbildung leiblicher Vorgänge zur Voraussetzung. Sollte es damit zu Ende sein?! Gewiß nicht! Der Bewußtseinswille hat nunmehr an dem Weichtiergeschöpf Muskulatur anzusetzen, sich quasi genetisch an dieses zurückerinnernd, um in der Kunst der Selbstgestaltung sich zu vervollkommnen, um ein menschlich be-greifbares Verhältnis zum Demiurgos zu gewinnen.
Der allgemeine Schöpfungsplan ist auf einer *Gegensatzführung* von Kräften aufgebaut. Das unbewußte Nervensystem reguliert den Gesamtorganismus auf der Grundlage gegensätzlich zueinander sich auswirkender Kräfte. Fraglos geht alle Entwicklung auf Grund einer Hemmungs- resp. Widerstandsführung von statten. Der schöpferische Impuls zur Entwicklung wird zugleich metaphysisch an die *Selbstsetzung des Widerstandes* geknüpft, somit auch an die Lösung des *Bewegungs-Hemmungsproblems.*
Die Skelettmuskulatur gehört der menschlichen Willenssphäre an; sie wird als *Erfolgsorgan* des Willens in den Charakter des Menschen einbezogen. Der gegliederte Muskel-Bewegungsapparat kann als eine innere, als eine verinnerlichte Umwelt des Menschen angesprochen werden, dem in schöpferischer Weise Rechnung zu tragen ist. Von all den Reizen ist aber jener nicht zu vergessen, der von der Idee unseres Seins, vom kernhaften Menschsein, uns zufließt. Reizungen für das *Menschsein* müssen aus der ideellen Anlage des Menschseins selbst entnommen werden, einer Anlage, die zuletzt im Metaphysischen und tief Geistkörperlichem ihre Wurzel hat. Hier hat die „Erkenntnistherapie" anzusetzen. Aufgabe einer Höhenpsychologie.
Bipolare Kräftestrebungen sind Voraussetzung für eine Dehnung; sie sind ebenso Voraussetzung zur Zellteilung, zum Wachstum. Die Dehnung, die der menschliche Wille von seinem Erfolgsorgan anzufordern vermag, äußert sich in einer Dehnungs-Zerteilungstendenz. *Wir stoßen hier auf ein Kompensationsgesetz*

organischer Kräfte, das für die Entwicklung des Lebens eine tiefgründige Rolle spielt.

Solange das Bewegungs-Hemmungsproblem nicht zur praktischen Auswirkung gelangt, kann von einer generellen Gesundung der menschlichen Natur überhaupt nicht gesprochen werden. Solange ein Morschwerden, ein Vergilben und Versagen des Lebens triumphieren, muß man die lebendige Substanz an sich als „krank" im Sinne des noch nicht Zu-sich-Gekommenseins, des noch Unausgereiftseins ansprechen. Die Weiterentwicklung der organischen menschlichen Natur, welche aus der allein bestimmenden Führung durch das Außen herauszuheben ist, ist an den Willen des Geistes geknüpft und empfängt von dort her ihre im Einklang mit der Schöpfung stehende selbstbestimmende Zielsetzung.

Kants letzter Wunsch war, eine Brücke zwischen der Physik und der Metaphysik zu schlagen. Sollte diese Überwölbung nicht an Hand der *psycho*-physiologischen Anatomie möglich sein?

Die psycho-physiologische Wissenschaft setzt den Selbstversuch voraus, sollen die Erkenntnisse *erlebnisreich* verstanden werden. Das zu erforschende Objekt ist erst durch die Anteilnahme des Subjektes ganz ergründbar. Im Wirkungsbereich der *psycho*physiologisch-anatomischen Gegebenheiten handelt es sich um *Grenzgebiete,* um Erlebnis-Wissen als Grundlage für die Weiterentwicklung des Menschen. Es geht hier um eine allgemein gültige Erweiterung der Struktur des Bewußtseins, die den ideellen Schöpfungskern in seiner Zielsetzung beinhaltet. *Die psychophysiologisch-anatomische Ausbildung zwecks universeller Heranbildung des Menschheits-Menschen wäre als Fakultät einzubauen.*

In den Vordergrund tritt die aus dem Rumpf herausragende „freie Extremität" und zwar in ihrem Verhältnis zum Schultergürtel. H. Hyrtl (1810) schrieb bereits seinerzeit in seinem „Lehrbuch der Anatomie": „Schulter, Oberarm und Vorderarm wurden nur der Hand wegen geschaffen".

Die willens- und empfindungsmäßige Koordination der Glieder reicht von der Hand und über deren Verwurzelung zum Schultergürtel (dem in den Rumpf eingelassenen Teil der Oberextremität) zum Kehlkopfapparat, weiterhin zum Körperteil der Atmung und zum Becken, dem in den Rumpf eingelassenen Teil der Unterextremität.

Hand und Geist, Denkarbeit und Handwerk haben in der Wissenschaft vom menschlichen Leben, in der praktischen Weltanschauungsbildung ihre bewußte Beziehung zu erhalten. Es ist die Hand, letztlich sind es die Finger, welche mit den Widerständen Fühlung nehmen. Die mächtige Entfaltung der zuerst hervortretenden Knospen der Oberextremität beim menschlichen Embryo dürfte als Hinweis auf deren Bedeutung dienen. Vom Geiste her setzt die Entwicklung ein; sie ist „handgreiflich" zu machen.

Hand und Sprachzentrum sind im Gehirn benachbarte Bezirke; die Hand, „das Organ der Organe" (Aristoteles), Hand und Begreifen sind psycho-physiologisch-anatomisch im *Erlebniswissen* zu erfassen. Das Manuelle wäre dazu bestimmt, *durch Zusammenfassung mehrerer Rotationsachsen und Kompensationen von gegensätzlich zueinander sich verhaltender psycho-physiologischer Kräfte,* das Gemeinschaftsleben auf das Niveau einer Persönlichkeitsgemeinschaft zu erheben, den Menschheitsmenschen auf der Ebene eines *homogenen* Bewußtseinszustandes heranzubilden, das Selbstbewußtsein dynamisch zu erhöhen und schließlich im Bewußtsein ein Überbewußtsein aufleuchten zu lassen; psychodynamische Kreativität.

Der Neurologe Kurt Goldstein führt folgende prägnante Sätze in seiner Arbeit „Über den Einfluß unbewußter Bewegungen, resp. Tendenzen zu Bewegungen auf die taktile und optische Raumwahrnehmung" aus: „Jede Leistung eines Organismus ist mit einem Gerichtetsein des *ganzen* Organismus nach dem Ort zu, an dem die Leistung wirksam ist, verbunden. Bei jeder Handlung befindet sich nicht nur das handelnde Glied an der Stelle der Handlung, sondern *der ganze übrige Körper ist dorthin gerichtet,* bei jeder Wahnehmung „berührt" nicht nur das Sinnesorgan die Reizquelle, sondern der ganze übrige Körper ist auf sie zugerichtet. Die Struktur der Bewegung, die sich an irgend einem Teil des Körpers abspielt, ist der Tendenz nach *in allen* anderen Muskeln in gleicher Weise vorhanden. Diese Zuwendung, durch die der Reiz „erfaßt" wird, ist der erste Akt der Reizverwertung, an den sich dann die weiteren, das Reizobjekt „aufnehmende" oder „abwehrende" Reaktionen anschließen".

Die *getrennten* Muskelfunktionen ergeben durch eine willentliche synthetisierende Einstellung ein neues potenziertes Wirkungsbild.

Etwaige Einwände, daß es sich bei der Anforderung der hemmungsüberwindenen Arbeitseinstellung der Muskeln um suggestive oder autosuggestive Momente handeln könnte, sind nicht stichhaltig. Die gekennzeichnete Wirkung beruht auf einer anatomisch-psycho-physiologischen *Gegebenheit*, während die rein suggestive Beeinflußung des Organismus durch die Vorstellung über das im Zwischenhirn gelagerte Stimmungszentrum, als nur mittelbar zustande kommt, und eine andere Wirkungsweise einschließt, als die Beanspruchung des peripheren Nervensystems durch den Willen mit seinem Erfolgsorgan der Muskulatur.

Wir stoßen, wie bereits ausgeführt, hier auf ein Kompensationsgesetz organischer Kräfte, das für die Entwicklung des Lebens eine tiefgründige Rolle spielt. Im bewußten Zusammenwirken psychischer und physiologischer Kräfte ist unzweifelhaft ein Impuls für eine andere Bewegungsrichtung gegeben. Leben involviert auch eine Bewegungsrichtung, es hat Zielstrebigkeit, denn Bewegung, nur um der Bewegung willen, käme einer sinnlosen Spielerei gleich. Die Willensrichtung führt zur Zielsetzung des menschlichen Lebens; Zielsetzung ist eine Sinndeutung.

Und hier sind wir gezwungen den Begriff der Entwicklung zu berühren. *Ent-wicklung bedingt Bewegung!* Die Entwicklung fördern, heißt sich die Aufgabe stellen auch den Bewegungsapparat unseres Organismus *empfindungsmäßig* gestaltend einzubeziehen. Der Nachdruck sei nicht auf eine einseitige geistige Tätigkeit gelegt, sondern auf eine gleichzeitige Mitarbeit des Gesamtorganismus.

Erkennt der Mensch, daß die Widerstände in ihrer Unerbittlichkeit zwecksetzend sind, so empfängt er aus ihnen Kräfte zu seiner Selbstbehauptung und Selbstbestimmung, jedoch nur in dem Sinn, daß er seinen Willen in Einklang mit der Zwecksetzung des Außens, des Widerstandes, des Gegen-standes bringt, einer Zwecksetzung, die sowohl über ihm, als auch über den Widerständen in der Obschwebe waltet.

Ist der Zwiespalt von Innenwelt und Umwelt in das Selbst verlegt, so wird nicht nur der Antagonismus der Kräfte verinnerlicht, sondern die Zwiespältigkeit ersteht im eigenen Selbst unter Anteilnahme des Bewußtseins. Es erwächst die Einsicht, daß wir selbst die fordernde, drängende, zur Selbsterkenntnis gelangen wollende Natur sind. Mit der Einsicht, daß der Zweck unseres Wollens mit der zwecksetzenden Umwelt einem gemeinsamen Ziel zustrebt, findet eine Erhebung und eine Steigerung des Lebensinhaltes statt. Das Wunder des ganzen Prozesses besteht darin, daß aus der Entgegensetzung der Kräfte, Geistiges sich entfaltet. Die Physik und Metaphysik, die zu überbrücken Kants letzter schöpferischer Gedanke war, stehen in unmittelbarem Zusammenhang.

Gesteht Kant in seinem Aufsatz: „Was heißt: sich im Denken orientieren?" (1786): „Sich im Denken überhaupt orientieren, heißt also: sich, bei der Unzulänglichkeit der objektiven Prinzipien derselben bestimmen. Dies subjektive Mittel, das alsdann noch übrig bleibt, ist kein anderes, als das Gefühl des der Vernunft eigenen Bedürfnisses."

Wir sind nicht allein erkennende, sondern zugleich wollende Wesen. Einer „Kritik der reinen Vernunft", die den architektonischen Bau des erkennenden Geistes aufzeigt, ist eine Kritik des reinen, allgemein-menschlichen Charakters beizuordnen.

Ich habe bereits vor etlichen Jahren einen Entwurf zur Gründung einer Akademie vorgeschlagen, in die eine neue Fakultät einzubauen wäre, die den Menschen „an sich" in seiner *psychisch*-physiologischen Substanz, im Zusammenhang mit der anatomischen Disziplin, zu erfassen hätte; in diesem Fall wäre den Studierenden der Weg zu ihrer selbstgewollten Entwicklung aufzuzeigen, eine Entwicklung, die der Allwesenheit untersteht, welche in des Menschen Schoß Anlagen eingebettet hat, die zu erschließen sind.

Ein bewußt gewollter Weg zur schöpferischen Mutation; zugleich eine Erforschung des Erlebnisbegriffes der Wesenheit als Grundlage zur Höhenpsychologie.

Iwan Pawlow, der Begründer der russischen Physiologie, zitiert in seinen Vorlesungen den Ausspruch seines Vorläufers Michailowitsch Setschanow: „All die unendliche Mannigfaltigkeit der äußeren Erscheinung der Gehirntätigkeit mündet schließlich in eine einzige Erscheinung — in die Muskelbewegung. Ob das Kind lächelt, ob Garibaldi lächelt, ob das Mädchen beim ersten Liebesgedanken erbebt, oder ob Newton Gesetze von Weltgültigkeit schafft und aufschreibt — überall tritt als schließliche Tatsache eine Muskelbewegung auf".

Der menschliche Körper, vor allem der Muskel-Bewegungsapparat, ist ebenso eine Mitte zwischen Seele und Geist; es ist der kosmische Bewegungsapparat, der sich empfindungsmäßig im gegliederten Muskel-Bewegungsapparat des Menschen verinnerlicht, verlebendigt, verfleischlicht aufersteht. Bewegungsimpulse und mit diesen einhergehende Empfindungen, die vom gegliederten menschlichen Körper ausgehen, werden dem Bewußtsein übermittelt und strukturieren es zu einem gegliederten System, das vom Überbewußtsein gefühlsgeschwängert überhöht zusammengefaßt wird. So lichtet sich im Bewußtseinswesen auf der *psycho*-physiologischen Grundlage der Entwicklungsweg zur Vervollkommnung des menschlichen Lebens.

Natur und Geist reichen sich für die Entwicklung die Hände. *Die Aufgabe der Universität wäre es, den Studierenden anhand der Grenzgebiete der Disziplinen zu einer All-wissenden Lebenseinstellung zu verhelfen, eine Gemeinschaft auf dem Boden gemeinsamer organologischer Erlebnisse (Erlebniswissen) zu verwirklichen, den Menschheitsmenschen heranzubilden.*

Das Leben steht auf dem Boden des Widerstandes. Die Selbstsetzung des Widerstandes erzeugt einen organischen Boden zur Lebenssteigerung. Der Mensch hat sich in seiner Über-Zeugung zu gestalten, nicht nur im Zeugungsakt. Gestaltung durch Gestalt! Die Über-Zeugung erhöht den Menschen in seiner Einsamkeit, in seiner Einmaligkeit, in seiner Unsterblichkeit.

Versuchen wir im Bewußtsein das Erlebniswissen aufkeimen zu lassen, daß der Welt der Erscheinung die *ewige* Auseinandersetzung dualistischer Substanzen zugrunde liegt und daß nur eine Seite in der Gegensatzführung der Kräfte die Möglichkeit beinhaltet, sich zu opfern und damit die Entwicklungsrichtung im „Bewußtsein überhaupt" gefühlsbetont zu unterseelen.

Namenregister

d'Agould 43, 171
d'Albert 171
Andrae, Volkmar 172
Ansorge, Konrad 34, 42, 151, 171, 172
v. Aquin, Thomas 122
Aristoteles 207

Bach, J. S. 19, 43, 44, 46, 126, 153, 126
Bach, Philipp Emanuel 44
v. Baer, Carl Ernst 157
Baklanoff 172
Bartok 151
Bauernfeld, Ed. v. 42
Beethoven 15, 20, 29, 124, 153, 161, 164,
Belinskij, G. 123, 150
Bellermann, Constantin 43
Belling, Rudolf 136
Benn, Gottfried 136
Berg, Alban 136
v. Bergmann, Ernst 119
Bleichröder, James, Baron 136
Borchardt, Leo 136
Böhme, Jakob 116
Brahms, Johannes 43
Brandes, Georg 123, 150
Braus, Hermann 50, 64, 67, 75, 189
Breysig, Kurt 136
Brill, Hadassah 162
Brondegeest 200
Bülow, Hans v. 42
Busoni, Ferruccio 9, 13, 19, 21, 23, 24, 26, 27, 28, 35, 45, 54, 95, 124, 145, 151, 153, 154, 157, 160, 163, 164, 172
Busoni, Gerda 7, 13, 29, 34, 44, 146

Caland, Elisabeth 54
Carus, Carl Gustav 8
Caruso, Enrico 94, 102, 103, 171
Chopin 20, 41
Clementi, Muzio 165
Clewing, Carl 136
Curtis, Adele 95, 122

Däubler 136
Demestriecu 54
Deppe, August 54
Descartes 124
Doormann, Ludwig 45
Dostojewskij 123, 124, 150
Du Bois Reymond 50
Dungert, Max 136

Eberhardt, Siegfried 54
Einstein, Albert 163
Erdmann, Eduard 134

Feininger, Leonid 134
Fichte 91, 191
Fischer, Edwin 45
Forkel, N. 44
Frey, E. v. 204
Friedrich v. Hessen 43
Fricsay, Ferenc 46
Furtwängler, Wilhelm 136

Galen 202
Galston 24
Gellhorn, Alfred 134
Goethe 96, 116, 146, 159, 184
Goetz, Kurt 136
Goldschneider, A. 45, 204
Goldstein, Kurt 207
Goode, Richard 159
Gropius, Walter 134
Grunow, Gertrud 134

Gut, Walter 8

Hambourg, Mark 54
Hanslick, Eduard 42, 43
Hartknoch 124
Hauer, Matthias 134
Head, 114
Heidenhein, M. 188
Heraklit 21
Hille, Peter 136
Hindermann 150
Hipkins, A. J. 41
Hirohito, Kaiser von Japan 137
Hoffmann, Ludwig 160
Horenstein, Jascha 136
Hubermann 136
Humboldt, Wilhelm v. 184
Hyrtl, H. 56, 206

Jael, Marie 54
Jarnach, Philipp 25
Jawlensky 136
Joachim 170

Kandinskij 134
Kant, Emanuel 44, 125, 133, 146, 158, 206, 209
Kempff, Wilhelm 39
Kestenberg, Leo 7, 34, 38, 148
Keyserling, Hermann Graf 95
Klatt, Fritz 120
Klee, Paul 134
Kleist, Heinrich 124
Klindworth, Karl 42
Kohlhauer, Ernst 40
Kono Hjime 161
Krenek, Ernst 136
Kroner, Kurt 136

Langelaan 200
Langbehn 121

Laotse 96
Lehmann, Lilli 102
Leibniz 18, 157, 161
Leichtentritt, H. 16
Leisner, Emmy 102
Lenin 136
Lhakovsky 200
Liebknecht, Karl 136
Liszt, Franz 5, 20, 29, 43, 124, 153, 156, 165, 171,
Locke 124
Lully 118
Luxemburg, Rosa 136

Mahler, Anni 136
Mann, Heinrich 136
Manteufel, Zöge v. 119
Marx, Karl 136
Matthay, Tobias 155
Mehring, Franz 136
Mesmer, Anton 119
Michelangeli, Benedetto 148
Mikuli, Carl 41
Moissi, Alexander 152, 172
Mozart 109, 119, 120, 167
Müller, Johannes 199
Mussolini 136

Newton 135
Nicolai, Anton 119
Niessen, Momme 21
Nietzsche 17, 25, 121, 124, 147, 162
Nikisch, Arthur 118
Nordio, Cesare 145
Novalis 16, 28, 122

Oesch, Hans 35

Pachmann, Wladimir 42
Paganini 41, 42
Pawlow, Iwan 210
Pechstein, Max 136
Pembauer, Joseph 46, 171

Pestalozzi 91
Petri, Egon 8, 31, 34, 45
Pfitzner, Hans 25
Pirner, Gitti 160
Plotin 163
Ponti, Michael 162

Reisenauer, Alfred 45, 160, 169
Rembrandt 119
Rennati 42
Richet, Charles 82, 92
Riehl, Alois 136
Riemann, Hugo 151
Rubinstein, Anton 42, 161
Rubinstein, Arthur 38, 154
Rubinstein, Nikolai 42

Sand, George 43, 156
Sauer, Emil 33, 42
Sauerbruch, E. F. 129, 143
Scarlatti, Domenico 19, 164
Scherchen, Hermann 20, 119, 134, 135
Schleich, Karl Ludwig 157
Schmidt, Hans 170
Schnabel, Arthur 136
Schönberg, Arnold 134, 161
Schopenhauer 17, 93
Schubert, Franz 42, 152
Schumann, Robert 20, 124, 159, 161
Schwabach, Kurt v. 136
Schweinfurth, Georg 170
Schweitzer, Albert 44, 54
Schweninger, Ernst 121, 191
Semon, Richard 30, 173
Setschanow, Michailowitsch 210
Siegel, Jeffrey 161
Skrjabin, Alexander 46, 195
Spinoza 163
Stanislawskij, Konstantin 94, 150

Steiner, Rudolf 135
Stockhausen, Karlheinz 165
Stradal, August 34
Stramm, August 136
Straube, Karl 45
Strindberg 150
Stuckenschmidt, H. H. 8, 39, 123, 135
Szendys, A. 155

Tausig, Carl 42
Teichmüller, Robert 13, 34, 92
Thalberg, Sigismung 25
Tiessen, Heinz 134
Töndury, Gian 8
Tomsic, Dubrvka 160
Toscanini 136
Towlen, Cary 162
Trapp, Max 121
Truslit, Alexander 55
Tschaikowskij, Peter 42, 171

Uexküll, Jakob, Baron 188

Valentin, Erich 126
Varro, Margi 155
Vivaldi, 34
Vogel, Wladimir 34, 135

Walden, Herwarth 135
Webern, Anton 136
Weismann, A. 16
Wilamowitz-Möllendorf 136
Wiltz, N. 203
Windelband, Wilhelm 128
Wüllner, Ludwig 136

Zweig, Stefan 23, 26, 39
Zadora, Michael 134, 40
Zeller 203
Zacharow, Vladim 167